第2次
改訂版

博物館資料
取扱いガイドブック

文化財、美術品等
梱包・輸送の手引き

公益財団法人 日本博物館協会 [編集]

ぎょうせい

第2次改訂版まえがき

　日本博物館協会では、平成24（2012）年から、美術品梱包輸送技能の認定試験を実施しております。

　博物館・美術館に展示される貴重な美術品・文化財等の取扱いや、その梱包輸送には、特定の知識・技能が必要ですが、当時、ベテラン作業員や古参の学芸員が次々と定年退職され、後継者養成に困難が生じておりました。他方、国公立の博物館・美術館では、運用の改正で指名入札が困難になり、経験のない梱包・輸送業者が落札し、美術品等が毀損されるような事態が懸念されておりました。

　そこで、後継者に技能継承のインセンティブを与え、より多くの梱包・輸送業者の技術水準の向上を図るとともに、技術が未熟な業者への落札を回避できる方策として設けられたのが当協会の美術品梱包輸送技能の認定試験なのです。

　本書は、この認定試験を受験しようとする人々の自学自習に資するとともに、専門とする分野以外の分野を所掌する学芸員や、学芸員を目指す学生のテキストとして、平成24年5月に初版が発行されました。

　その後、在庫がなくなるごとに、小さな修正を加えて版を重ねてまいりましたが、平成28（2016）年には、認定試験での筆記試験や実技試験の反省等を踏まえ、改訂版を発行しました。

　しかし、1級試験で課している梱包設計については、改訂版でもカバーできておらず、また、参考となる良書は他には得難いことを踏まえ、この度、梱包輸送設計に係る章を加えるとともに、参考文献を見直すなどの修正を加えて、第2次改訂版として出版することになりました。

　本書で紹介する美術品梱包技能の一部は、日本博物館協会のホームページで、動画で紹介しています。この動画と合わせて、本書が認定試験の受験者だけでなく、広く関係者の一助となることを祈っております。

　本書の刊行、改訂にあたってご尽力いただきました執筆者の皆様、当協会の美術品梱包輸送技能取得士認定制度に関する委員会の委員の皆様、株式会社ぎょうせいの関係の皆様に、この場を借りて御礼申し上げます。

　令和5年4月

公益財団法人　日本博物館協会会長

山 梨 絵 美 子

（千葉市美術館長）

＜目　　次＞

1　美術品の取扱いの基礎知識

神庭　信幸

■1 基本的な心構え

　美術品の取扱い及び梱包の目的は、扱う作品にダメージを与えることなく、所定の場所まで安全に移動し、設置することである。したがって、どうすれば危険を排除し、作品にダメージを与えないで済むかをしっかりと念頭に置いて作業をする必要がある。そのためには事前に作業の内容全般をよく理解しておくこと、作業の手順、使用する材料について具体的に把握しておくことが大切である。そして、実際の作業に当たっては、作品の構造をよく知ることが重要である。

　まず、基本的に一つとして同じ作品はなく、そしてすべての作品が最良の状態にはない。同じ作品でも前回とは状態が変わっている可能性があるという認識を持ち、それぞれの作品のそれぞれの時点での状態に応じた取扱いと梱包が必要である。

　作品の構造や状態については、日ごろから作品を取り扱う機会が多い学芸員あるいは所蔵者から最新の状況を聞き取り、しっかりと理解する必要がある。そして具体的な取扱いに際しては、何事にも慌てないで冷静沈着な行動に努め、常に美術品に「敬意」、「愛情」そして「真心」をもって接することが大切である。

（1）　服装、身支度、態度

　作業に従事する者は、作品を汚損しないように、また所有者や管理者から信頼感をもって接してもらえるように、清潔な服装（ユニフォーム）を心がける。毛羽立った衣類は、その繊維が作品に付着したり、作品の一部を引っかけたりする危険があるので、避けねばならない。作品を安全に持ち運ぶため、そして美術品専用車への乗降を安全に行うために、靴は脱ぎやすく、履きやすいものを履くこと。特にハイヒールは、転倒の恐れがあるため厳禁である。靴下は常に清潔なものを着用する。作業中に靴を脱ぐ必要がある場合には、靴下を汚さないように気を付ける。そして帽子は脱げないように正しくしっかりと被り、袖の腕まくりは作品に不用意に触れたり引っかけたりすることがあるので行わない、金属でできたベルトのバックルが作品に接触しないように横に移して隠す、腕時計や指輪などは作業時に身に着けない、胸ポケットのなかに入れた筆記用具などは取り出して空にしておく、ネクタイを着けている場合には外すかワイシャツの中に入れる。木綿製の白手袋（化繊、ホック付のものは不可）を常に携帯し必要な時に適切に使用する。金工品では手の脂が作品に決定的な影響を及ぼすので手袋を使用する場合が多いが、そのほかの作品では所

蔵者の意向に従って使用する。医療用のラテックス手袋（天然ゴム製）を使用する場合も、事前の了解を得てから使用する。刀剣を取り扱う時には、刀身に唾が飛ばないようにマスクを着用しなければならない。このように、作品を取り扱う際の安全を考えると、服装に気を付けることがいかに重要なことであるかが理解できる。

　爪はいつも短く清潔にし、長い髪は束ねてまとめておくようにする。作業に先立って、事前に手を洗ってきれいにし、頭髪の油分を手に付けないためにも、作業中は頭髪に手を触れてはならない。女性の場合は化粧を控え、作品に触れる可能性があるためマニキュアは厳禁である。そして常に体調を整えて、安定した体調の下で作品の取扱いに臨むように心がけなければならない。

　作業を円滑に進めることが作品の安全確保に繋がるのは言うまでもない。円滑な作業には作業員同士が必要な事項を正確に伝えあうことが前提となる。そのためには日ごろから、はっきりとした受け答えを習慣づけ、言葉遣いには十分注意することが大切である。そして、作業中においては私語を慎み、ズボンのポケットに手を入れたり、靴のかかとを踏んだりしないで、きちんとした態度と、常に冷静沈着な判断が可能なように気持ちを落ち着けていなければならない。時間は常に厳守して、予定の時間前には必ず集合し、余裕をもってすべてに対応できるようしなければならない。

（2）　作業の際の心構え
　まず、当日行う仕事の内容は何かをよく理解して、それに必要な資材や器材を確認し、それらを忘れずに現場に持参することである。作品を包んで緩衝材として使用する生綿は、繊維が作品に付着したり、取り外す際に作品の一部に引っ掛けたりすることがあるので、作品とは直接に触れないよう注意して用いる。梱包の際に紐などを切るナイフの刃先は、必ず作品とは逆向きにして、万が一勢いが余っても作品に直接刃先が当たらないように気を付けなければならない。作品の前で筆記用具を使用する場合には、鉛筆のみを使用する。仮に作品に鉛筆の跡がついた場合でも、比較的安全に取り除くことができるからである。

　作品についての全体的な構造、そして弱い個所や傷んだ個所をよく理解しながら、作品に触れたり持ったりする際にどこに手をおくかをしっかりと把握して、勘所を掴むことが大切である。どんなに小さな作品でも、取扱いは必ず両手で行い、両手で持たなければならない。作品を収納場所や箱から出して作業机の上などに置くときには、必ず敷物を使用して、作品が直に机の天板に触れることがないように気をつける。

　箱に入った作品を扱う際には、決して箱に付属している紐を持って箱の移動をしてはならない。箱の紐は、必ずしも箱全体の重量に耐えられるほど堅牢なものとは限らないし、時には傷んで切れそうな状態のままである場合があるので、絶対に紐に頼ってはならない。箱の底と側面を両手でしっかりと持つことである（写真参照）。ただし、所蔵者の判断で紐を持つことになった場合には、もう一方の片手は箱の底をもつ。箱を持って移動する際

に、万が一、つまずいて転んだときでも、箱の底に添えた手が受け身の役に立つ。箱の蓋を開けた時には、蓋の管理を徹底して行い、蓋の表面を上にして安全な場所に置く。そして、箱の中に一緒に収納してある作品の付属品が紛失しないように、十分に注意しなければならない。

作品の個数や点数の確認は記録を付けて完全に行う。作品の返納が完了するまで、使用した梱包材料や廃材、ゴミも廃棄せずに保管しておくこと。ゴミと思っていたも

持ち方
桐箱の紐に頼らないで、箱を両手で持つ。
片手は下から添える。

のの中に作品の付属物が混入していたり、破損した一部が含まれていたりすることもあり得る。作品に付着した埃は所蔵者の指示がない限り作品と同様に大切なものとして取り扱い、所蔵者から埃払いについて指示があった場合でも、埃払いによって作品を傷めることが考えられるので、場所や方法を詳細に確認した上で作業に入る。危険を感じた場合には決して無理をしてはならない。

作業中に発生する事故の原因は、慣れや不注意によっておこることが圧倒的に多い。したがって、慣れや不注意の徹底的な排除を図り、常に初心を忘れないよう心掛けなければならない。作業指揮者の指示をよく聞き、その指導に従うことと同時に、仕事には常に謙虚さをもって臨み、自分の仕事には自信と全責任をもつことが大切である。

（3）作業指揮者の心構え

指揮者になる人は、自信をもって作業を指揮しなければならない。そして、指揮者の腕章を着けて、誰からもその位置づけがわかるようにするのが望ましいが、作業内容によって危険であれば外すことも止むを得ない。作業に従事するスタッフをよく掌握して、始業点呼をはじめ、終業点呼を励行して、作業全般にわたって適切な指導を行う必要がある。作業が円滑かつ安全に行えるよう、安全な場所を確保する。作業のひと区切りごとに現状点検と確認をして、進捗状況を正確に把握するようにする。作業中の責任はすべて自分にあることを自覚して、主催者、所蔵者などの関係者と緊密な連絡を取り、関係者が安心して任せられるように簡潔で明瞭な説明を行うと同時に、懇切丁寧な指示を作業員に示す。

② 所有者、管理者との関係

（1）所有者、管理者の意向の尊重

作品の状態については、所有者や管理者が基本的に把握していることを前提として、持つべき個所や注意すべき個所、そして数量などを再確認する意味で尋ねる必要がある。仮

に、所蔵者や管理者が十分に把握していない場合でも、単独の判断で物事を進めることは絶対に避け、必ず事前の説明を行って協議を行い、理解が得られてから作業に入ることを守らなければならない。所有者あるいは管理者から梱包輸送以外の業務範囲を逸脱した要望があった場合には、上司あるいは会社と相談のうえ丁寧な説明を行い、要望に添えないことを伝える。例えば作品に発生した黴の除去などがこれに当たる。

　信仰の対象となる仏像などの作品に対しては、特に礼節を忘れないことである。作業に入る前に軽く礼をするなど、作品が持つ意味をよく理解した上で作業に従事していることが分かってもらえるような接し方を心がけることである。法要など宗教的な儀礼が行われる場合には、要請があれば、できる限り臨席することが大切である。

（2）　シーズニングと所有者等との協議

　所蔵先と移動先の保存・展示環境が必ずしも同じであるとは限らない。移動によって作品に急激な膨張や縮みなどの変化がもたらされることがないように、作品を取り囲む環境が移動先の環境と徐々に入れ替わり、それに伴って作品が緩やかに移動先の環境になじむようにシーズニング（「馴化」ともいう）に十分に配慮しなければならない。

　したがって、作品を梱包する時には、作品と共にその周りの環境も一緒に梱包するつもりで考えることが必要である。そのために、梱包作業に先立って梱包材料を作品のある場所に運び込み、梱包材料も作品と同様の環境に馴染ませておくなどの配慮を行うことが必要な場合もある。

　シーズニングに対する対応については、所有者の意向を十分に汲み取ると同時に、作品に安全なシーズニングができるよう配慮しながら、所有者、管理者及び借用者と十分な相談を行う必要がある。梱包から開梱作業までの間の日程が全体として長くなることは、あらかじめ所有者等の了解を得ておくことが求められる。

③ 梱包材料の基本

（1）　梱包材料の用意

　梱包材料は、①作品や箱などを包んで覆うシート状の材料、②それらを固定する木枠、③作品を衝撃や振動から守るために緩衝材として使用する材料、④これらすべての材料を縛って固定する際に使用する紐、⑤張り合わせるときに使用する接着性のテープ、⑥梱包箱内部の相対湿度調整のための調湿剤、⑦それらを収納する外装梱包箱を製作する材料、そして⑧記録のための筆記用具などから成る。

　①シート状材料

　　　シート状の材料にはさまざまな物があるが、作品に直接接触させる材料は薄葉紙と呼ばれる中性の和紙で、縦方向への引っ張りに対して強い薄い紙で、艶のあるおもて面が作品に接するように用いる。通常梱包には二重にして使用する。大きな作品の梱

包には巻薄葉紙を用いる。

　さらし木綿は幅広いため、彫刻などの大型の作品を固定し易い材料である。締まり具合の調節がし易く、緩みにくい利点がある。必ず綿100％のものを使用すること。

　ネルと呼ばれる帯状のフランネル生地で最後に包むことがある。ネルは木綿の繊維をわざと毛羽立たせたものなので、作品に直接触れさせることは避けなければならない。

　巻クラフト紙（「茶紙」ともいう）は強度がある紙で、薄葉紙で梱包した上に使用する。巻防水紙は防水の必要な作品を梱包する時に使用する。

　「エアーキャップ®」などの気泡緩衝材は、凸状の部分に空気が封入されているため、緩衝材として効果が高い。また防水性も高い。使用の際には凸面を内側にするが、凸状の形が潰れるとクッション性が落ちるので注意が必要である。静電気が起きやすいので注意すること。

　1層の中芯の片面にライナーを張り込んだ柔らかい巻段ボール（片面段ボール）は床面や作業台に敷いて、梱包作業を行う場所を用意するとか、移動などの際に周辺の壁や家具などを傷つけないように養生材として使用される。

②木　枠

　仏像の内、立像等の不安定な作品を搬送する場合には、急病人を搬送する担架に似た木材の枠組タンカ（担架）に仏像を固定する。坐像の場合はL字型の木枠（L型）に、坐像の肩などの丈夫な部分を固定する。

　坐像は受け箱（「枡箱」「枡型」「枡形」「受け台」ともいう）に入れて固定した上で、受け箱と共にL型に固定される。受け箱は貫と三つ割板をまわし枠形にしたまわし枠の底にベニヤを打ちつけたものである（第15章参照）。

③緩衝材

　緩衝材は輸送中に作品に伝わる振動や衝撃をできるだけ小さくするために、作品の周りや梱包箱の底などに設置される材料である。木綿100％の綿は適度な復元力があり、二重の薄葉紙で包んで作る綿布団に使用される。綿布団は作品全体を包むためや、梱包ケース内の空間を埋めるために用いられる。ナイロン綿は復元力が強すぎるため、梱包用緩衝材には適さない。ただし、木綿綿には吸湿性があるので、湿った場所に長く置くと綿自体が水分をもって湿気ることがあるので注意しなければならない。

　合成材料では合成樹脂を発泡させてクッション性を高めた材料が使用される。ウレタンフォームは柔らかく復元力が低いのに対して、ポリエチレンフォームは硬く復元力が高い。使用する場所によって柔らかさを選択して使用する。また、これらの発泡材料は非吸湿性で、かつ熱伝導率が低いので、梱包ケースの内装に適している。

④紐

　梱包の際に使用される紐は、使用される部位によって数種類のものを用意する。作品を包んだ薄葉紙や綿布団を縛るときには、紙紐（「薄紐」と呼ばれる場合がある）

と呼ばれる薄葉紙を縦方向に切り裂いてしごいて作成した紐を用いる。その目的に対して十分な強度をもつと同時に、薄葉紙そのものであるために作品への影響が小さい。さまざまな梱包材料をしっかりと固定する時には、玉糸と呼ばれる麻の丸い紐を使用する。結びやすくて延びない。作品に当たる面を和らげて、縛る時の力を分散させる場合には木綿の平たい平紐を使用する。木箱や段ボールケースなどの丈夫な物をくくるときには「マイカロープ®」などのポリプロピレン製撚り紐を使用する。

⑤粘着テープ

クラフト紙や気泡緩衝材「エアーキャップ®」などで包んで止めるときにはセロハンテープを用いる。強度と適応性から2.4cm幅が相応しい大きさである。使用後は切り口を5mm位折り曲げておくと次に使用する時に便利である。巻テープあるいはクラフトテープは主に段ボールケースの組み立てに使用する。両面テープは、ポリエチレンフォーム同士の張り合わせや、段ボールにポリエチレンを張り合わせるときなど、2枚以上を張り合わせる場合に使用する。ガラスの破損保護や飛散防止のために表面保護テープを用い、印をつけるときにはマスキングテープを使用する。

⑥調湿剤

梱包ケース内の湿度を調節するために調湿剤を作品と共に設置する。調湿剤は周りの相対湿度の変化によって水分を吸収したり、あるいは放出したりすることによって、相対湿度を一定に維持しようとする働きがある。

調湿剤にはゼオライト系とシリカゲル系がある。それぞれの製品ごとに1立方メートル当たりの標準的な使用量が示されているので、基本的にはそれに従う。設定する湿度は基本的には作品が保管されてきた環境と同様の値が望ましいが、相対湿度が極端に高い環境に保管されてきた作品に関しては、シーズニングの内容と合わせて、収納する調湿剤の値を決定する。

調湿剤の設置の仕方は、状況に応じて基本的に二通りの方法がある。一つは国内輸送のように温度が極端に変化しない場合で、その場合には作品と調湿剤が隣接しても差し支えない。つまり、同じ段ボール箱の内に薄葉紙などで包まれた作品と調湿剤が同居しても問題ない。ただし、その場合には調湿剤をしっかりと固定しておく必要がある。

しかし、数時間に10℃を遥かに超える極端な温度変化が生じることが想定される航空機を使用する海外向け輸送では、作品のすぐ傍に調湿剤を設置することは益するよりも害を及ぼしかねないので、その場合には作品は単独で密封し、調湿剤は密封した環境の外側に設置しなければならない。つまり段ボール内で作品を密封し、調湿剤は段ボール箱と木箱の間に設置することになる。温度変化の大きさによって設置の仕方が異なるのは、梱包ケース内は多くの梱包材で埋められて、空気の量が極端に少ないことによる。

⑦梱包箱

　　作品を薄葉紙や綿布団などで包んだり、木枠に固定したりして内装を終えた作品は、外装と呼ばれる箱に入れる。国内輸送の場合の外装には、板段と呼ばれる段ボールのシート状のものが使用される。通常は、「バイウォール®」など二重構造の強化段ボールが使用されることが多い。作品の寸法に合わせて様々なサイズの箱を製作する。「トライウォール®」など三重構造の強化段ボールは、重量物の国内輸送として使用される。

　　国外輸送の際には、クレートと呼ばれる合板を用いた梱包箱を用意し、二重箱にする。木箱は合板と三つ割と呼ばれる板を使用して製作する。合板の厚みは収納する重量によって3〜10ミリを使用し、三つ割の厚みは20ミリが標準的な仕様である。木箱には、身と蓋との間にゴムパッキンを用いて密閉性を高め、バリヤメタルというアルミを蒸着したシートを身と蓋の内側に使用して防湿性を高める。なお、海外輸送の場合は検疫の関係から、生木は燻蒸を行ったものしか使用することができない。ベニヤやランバーコア等の合板は製造段階で熱処理されているため、そのまま使用できる。

⑧筆記用具

　　梱包した段ボールの表面に貼る作品名、展覧会等を表示するラベルには黒色のフェルトペン、危険個所やガラス等の脆弱な内容物を示すためには赤色のフェルトペンを使用する。ボールペンなど、インクを用いる筆記具は、キャップを開けただけでインクが飛び散る可能性があるため、作品の近傍では使用しない。

(2)　梱包の準備

　まず、梱包資材を床に直接置いてはならない。事前に土足エリアと裸足エリアの区別をしっかりとつけ、間違っても梱包資材を足で踏まないこと。

　屏風、掛物、絵画、巻子、染織などを梱包する場合には作業台を使用して行う場合がある。作業台は天板に巻段ボールを敷き、それをしっかりと固定する。陶磁器、漆工品、金工品、ガラス、仏像、埴輪、鎧兜などの梱包は床面での作業が安全であるので、キルト性のマットを用いて床に敷き、その上に薄葉紙を敷いて作業を行う。

　作業に必要な薄葉紙など作品を包むための材料、固定するための木枠、緩衝材として使用する材料、これらの材料を固定する際に使用する紐やテープ、調湿剤、梱包箱に必要な材料、記録のための筆記材料やラベルなど、作業の内容に合わせて必要な資材を用意する。

　作品の取扱いは2名以上で行うことが望ましい。作品の点検及び確認は所蔵者と借用者が行うが、作業者もその内容をしっかりと理解し、現状を把握する。その際に、チェックリストと梱包リストを用意する。取扱い方法と梱包方法については所蔵者の指示を必ず受けてから作業に入る。

　梱包した作品を収納する二層構造の強化段ボールを使用した段ボールケースを用意す

る。重量物には三層構造の強化段ボールケースを用意する。海外などの長距離を輸送する場合には、段ボール箱を収納する気密性が高く防湿性に優れた木箱を用意する。湿度調節のために梱包箱に入れる調湿剤を用意する。振動・衝撃の緩衝材としてウレタンやポリエチレンフォームを使用して作品や段ボール箱を固定して、安全を図る。

　梱包箱の表面には、作品名称などの必要な情報とともに作品の天地が分かるように、大きく消えないように目印をつけておかなければならない。

（3）梱　包

　梱包の基本となる陶磁器、額装絵画、掛物の梱包について、基本的な手順を示すと、次のとおりである。

梱包手順 [陶磁器]

（条件　共箱は残置　本体のみ梱包輸送）

（ア）持ち方

① 桐箱の紐に頼らないで、箱を両手で持つ。
　片手は下から添える。

② 紐の状態を確認して、静かに解く。
③ ふたを開け、安全な場所に置く。
④ 左の写真の箱の四隅に見られるような柱があれば
　取り出す。

⑤ 作品を取り出す。
⑥ 布に包まれている場合は、取り出す前に作品の状
　態を確認する。

⑦ 片手で布ごと持ち上げて片手で底を支える。
⑧ 薄葉紙を敷きその上に作品を置く。

（イ）壺を綿布団で包む

①作品の状態を確認する。

②下部の窪みの大きさの綿布団を作り、胴の太さに合わせる。

③上部の口の周りに綿布団を巻き、同じく胴の太さに合わせる。

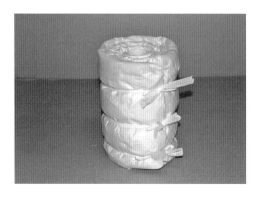

④胴全体を綿布団で巻き、上、下、中の順で固定する。紐を結ぶ位置は同じ向きにする。

⑤直径より大きめの正方形の綿布団を二枚作る。
⑥一枚を下に敷く。テープを貼った面は外側にし、
　テープが作品に接しないようにする。

⑦もう一枚を上にのせる。テープを貼った面を外側
　にし、テープが作品に接しないようにする。

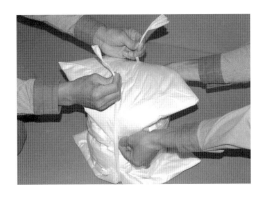

⑧対角から紐を掛けていく。作品が倒れないよう、
　補助者に支えてもらう。

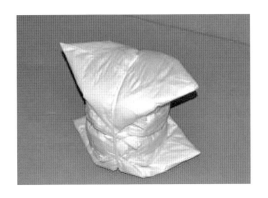

⑨最初の紐掛け完了

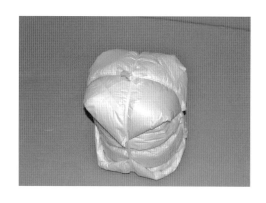

⑩米印に紐を掛け、上下の綿布団を固定する。

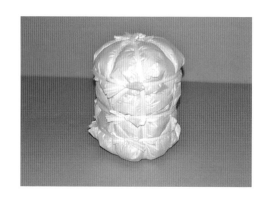

⑪たて紐に固定するように側面に紐を掛ける。

（ウ）段ボールケースに詰める

①全面ウレタンの場合

②綿布団の場合
　底に綿布団を敷く。
　４本の柱で止める。
　上に綿布団を当てる。

梱包手順［額装作品］

（条件　国内輸送　木箱は使用しない）

（ア）取扱い留意点

・フロートガラスの場合飛散防止テープをガラス全面に貼る。
・デコレーションを施した額の場合装飾部分を避けて持つ。

※状況により「白手袋」「ニトリルゴム手袋」を着用使用する場合も有り。

（イ）梱包準備

養生マットを敷く。
次に「エアーキャップ®」・クラフト紙（茶紙）・薄葉紙の順に置く。
この段階で梱包できるサイズに加工しておく。

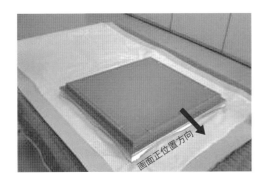

（ウ）薄葉紙で包む

①作品の状態にもよるが、デコレーション部分に負担が掛からない様に注意しながら、基本的には画面を下に向け水平にゆっくりと置く。

②全体を折り返しテープは留めない。

（エ）クラフト紙（茶紙）で全体を包む

①上に被る側の紙を内側に若干折り込み、真ん中を
　引っ張り込む様に押さえてテープで留める。

②同様に片側を留める。

③同様にもう片側を留める。

（オ）「エアーキャップ®」で全体を包む

①上に被る側の「エアーキャップ®」を中に若干折り込み、真ん中を引っ張り込む様に押さえてテープで留める。
　必要間隔にて、左右適度にテープで留める。

②同様に片側を留めるが、全体が平らになる様に折込を調整しながら留める。

③もう片側も、同様に全体が平らになる様に折込を調整しながら留める。

（カ）板段ボールで被せ箱を作成する

①折代も考慮した板段ボールを用意

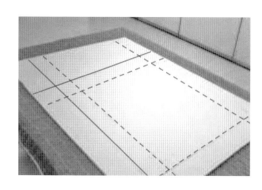

②包装された絵画の寸法を測り折り目と切断補助線をカッター等を用いて印を入れる。

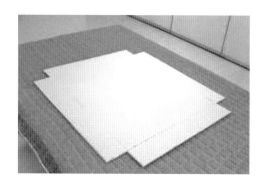

③補助線に沿って不要な部分をカットする。

④折り目については、補助線に沿って繰り返し曲げることで本来の形に馴染ませる。

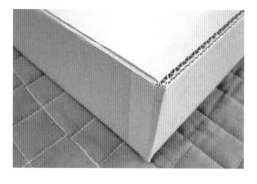

⑤それぞれの角をテーピングする。
　※クラフトテープ等で留める。

⑥同様に四隅を留める。

⑦同様に被せフタ側を作成する。
　※厚みは必ず内箱より長く取り、全体に被る様に
　　製作する。

（キ）包装済絵画を収める

①絵画の画面方向に注意する。

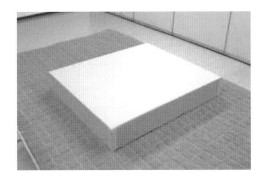

②フタを被せる。

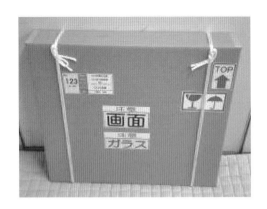

（ク）必要に応じて紐で巻く

画面保護にガラスが使われたことを示す記述又はラベル、上辺を示す矢印、画面側を示す記述又はラベルを必要に応じて用いる。（画面は底側にあるが、ラベルの例示のため蓋に貼って示す。）

完了

梱包手順［掛物］

（ア）梱包前作業

①本紙が隠れる程度まで巻き上げる。

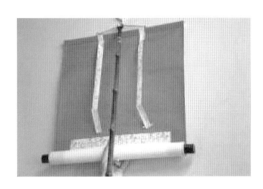

②矢筈を掛緒に掛けて持ち上げる。

③矢筈に掛けたまま掛け下げる。

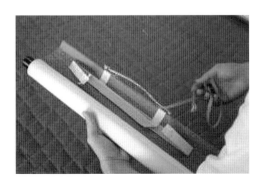

④風帯をしまう。

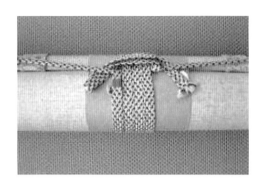

（イ）梱包前チェック

①巻緒が正しく巻かれ留められているか確認

②竹の子状に巻かれていないか確認
　軸端に緩みがないか確認

③掛物を桐箱に納める方向を確認

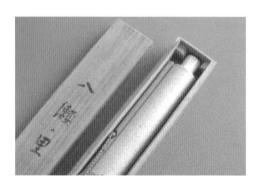

④箱書きの有無を確認

（ウ）梱包準備

薄葉紙を適度に裁断し掛物を載せる。

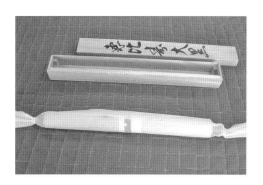

（エ）薄葉紙で掛軸を巻く

①掛物は動かさず薄葉紙を前後から包み込み、左右の端をやわらかく絞り込む。

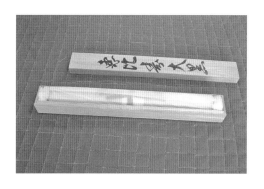

②軸端部分に薄葉紙の端をやわらかく畳み込み、がたつきを抑える。
　掛物を中で固定する。

（オ）クラフト紙で包む

①クラフト紙を適度に裁断・桐箱を載せる。

②箱書きが有る場合は薄葉紙を帯状に畳んだ物を作る。

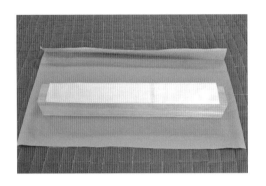

③帯状に畳んだ薄葉紙を載せる。

もしくは、全体を巻く。

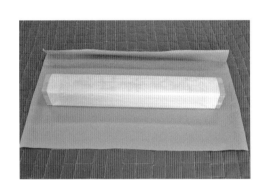

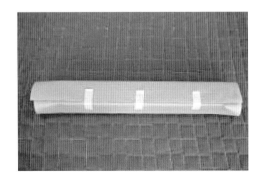

④クラフト紙を手前から先に包み込みテープで留める。

⑤片側を畳み込む。

⑥テープで留める。

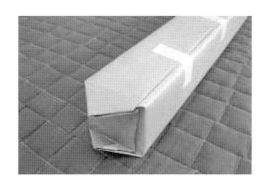

⑦もう片側も同様に畳み込む。

⑧テープで留める。

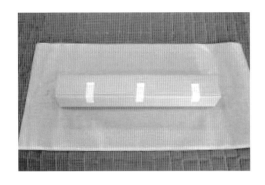

（カ）防水紙で包む

①防水紙を適切な大きさに裁断する。
　クラフト紙で梱包された桐箱を載せる。

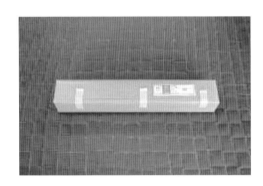

②クラフト紙梱包と同様の工程で包む。
　必要事項を書き込んだラベルを貼る。

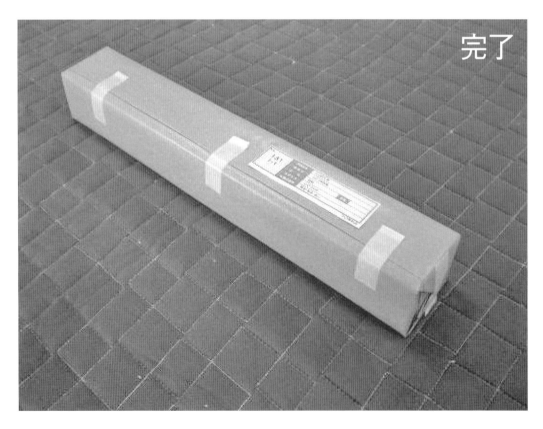

完了

4 輸　　送

　輸送計画を策定する際は、法律で定められている運行規定を遵守し、無理な運行を避けなくてはならない。

　走行時は、危険を回避する必要性が無ければ、等速走行が望ましい。使用するトラックは、輸送中に発生するさまざまな振動や衝撃から作品を守るために、原則として、それらの振動・衝撃が軽減されるエアサスペンション付きのトラックを使用する必要がある。作品によっては荷台の中の温湿度調整を行うことがあるので、その場合は空調装置を用意する。荷台には、梱包箱をしっかりと固定できるように、強化ナイロン製スリングがかけられる装備が必要である。そして、荷台への出入り口はしっかりと施錠できるようにしておかなければならない。荷台は安定した温湿度環境と高い保安性、事故などに対する安全性が求められるため、運転席と仕切られていなければならない。トラックの運転は専用の運転手が行い、助手席には荷扱いを行える要員が必ず一人以上同伴する。

　梱包を行った場所から積み込むトラックが待つトラックヤードまで、梱包箱の移動が安全に行えるように通路の安全を確認し、必要な場所には段差や凹凸をなくすために、鉄板やベニヤ板を敷いて平滑にする。移動経路は、梱包箱を安全に搬送できるように十分な天井の高さが確保される動線を選ぶ。館内移動の際には、梱包箱を台車に載せたり降ろしたりするとき、あるいは梱包箱を手持ちで運んだりするときに、比較的大きな衝撃が加わりやすいので、梱包箱に対して慎重な荷扱いが必要である。

　台車で作品を運ぶ際は、一度に多くの荷物を運ぼうとして高積みをすると、荷崩れが発生する危険があるため避けるべきである。台車は少しの凹凸で急停止することもあるため、床面の状況を常に把握しておく必要がある。段差があれば、荷物に衝撃が伝わらないように、ゆっくり進んだり車輪を持ち上げたり等、配慮する必要がある。額装絵画のように安定が悪い荷物を運ぶ際は、転倒防止のため、必ず保持する人を配置しなければならない。

　荷物の積み降し時は、例え軽い荷物でも１個ずつ取り扱い、水平に運ばなくてはならない。フォークリフトや人力で梱包箱をトラックに積み降ろしする時にも、大きな衝撃が掛かりやすいので注意を要する。

　荷台への梱包箱の設置は、作品によっては特別の配慮が必要なので、その点を守りながら荷台の中で箱が動かないように固定する。タンカ木枠に固定された立像の場合は足先が進行方向を向くように固定し、Ｌ型木枠に固定された坐像は背中が進行方向を向くように固定しなければならない。屏風はオゼと呼ばれる裏面側の蝶番が床面に接するように、横長の方向に立てて固定するのが原則である。

　梱包箱を紐などで固定する際には、箱の角がつぶれないように毛布やキルトなどで角当てを行う。また大きさが異なる箱を積み重ねるときや、寄り添わせて固定する時には、両者の間にベニヤを挟むことで、箱を潰すことなくしっかりと固定ができる。重ねる場合に

は重量の大きいものが基本的に下になる。屏風や額絵などの絵画は、平積みはしないで立て、作品側面を進行方向に向ける。サイズを揃えて並べるが、大きさが異なる場合には間にベニヤを挟む。固定は上下2か所以上で行う。作品は2、3点ごとに行う。

5 展　　示

（1）　地震対策

　展示の基本は、作品の保全・安全が確保できる範囲内で、鑑賞者に見やすく、迫力のある見せ方を工夫することである。作品の素材、形状は千差万別であり、展示の仕方も、作品に応じて個々に工夫する必要があるが、作品分野ごとに留意するべき事項については、第3章以下に記したので、そちらを参照願いたい。

　作品の保全・安全面確保のため、作品分野にかかわらず配慮するべきこととして、地震対策が挙げられる。地震への備えとして最初に考えるべきことは、作品を転倒や落下による破損から守ることである。壺などの器物には、中に重り（砂などを袋に入れたもの）を入れて重心を下げ、揺れに対する安定性を高めることが基本である。次に、作品を展示台に固定し、揺れにくくすることである。壁から下げる作品の場合は、接合部が外れにくいだけでなく、隣の作品とぶつからないよう配慮することも重要である。

　器物等の場合、テグスを用いた固定は一般的な方法であるが、簡便な方法である一面、作品鑑賞の面で難がある。また、重い作品や強い揺れの場合には、テグスが伸びたり、結び目が伸びたりして、役に立たないことがある。こうした難点は、作品の形状に沿った金属製の支持具を用いて作品を保持することによって克服することができる。ただし、形状に合わせた支持具の製作には時間と費用が必要である。展示をしながら転倒防止のための工夫を現場合わせで行う機会は決して少なくはなく、そうした場合にはテグスの利用が最も効果的なものである。

　作品を展示台などに固定する方法として、他にワックスや粘着シートの利用が考えられる。それらを作品に直接塗布または貼り付けると、接着剤が作品に浸み込む恐れや、経年変化により汚損するなどの可能性も考えられるため、作品の固定に直接用いることはなく、支持具等の固定に用いる方がよい。

　最近では、免震装置を常用する施設が増えているが、それによって作品の固定を最小限にした状態で、揺れに対する安定性を飛躍的に高めることができ、見かけの問題と安全性の確保とを両立できる方法と言える。

（2）　免震装置

　展示ケース、収納棚、あるいは展示台と床面との間に挟み、地震によって発生する揺れの加速度を軽減する装置を免震装置と言う。床面に平行な2次元方向にのみ有効な装置と、それに加えて上下方向にも有効な3次元方向に動く装置があるが、装置のコスト、大きさ

などの理由に加え、2次元免震でかなり有効な対策が得られるという費用対効果の観点から、現状では2次元免震装置（免震テーブル）の普及が広がっている。

　免震装置に望まれる一般的な性能としては、1）阪神淡路大震災クラスの地震を水平加速度で100ガル以下に抑える、2）積載重量にかかわらず固有振動数が一定である、3）荷重が偏っても性能に影響しない、4）振動が終了するとほぼ原点に復帰する、5）展示作業開始時には固定され、終了後は確実に固定が解除できる、6）維持管理にかかる時間や経費が少ないことなどである。

　阪神淡路大震災で水平の加速度が800ガルを超える地点の地震波を使用して実験した結果、免震装置上の加速度を100ガルに抑えることで、かなり不安定な資料でも転倒しないことが確認されている。しかしながら、300ガル以下の加速で転倒する倒れやすい作品の場合には、免震装置を使用する場合でも、（1）で説明したような転倒防止対策を施す方がより安心できる。免震装置上での加速度が100ガルに抑えられるとしても、上下方向の加速度の大きさはそれぞれの地震で異なり、また800ガルを大きく超える想定外の巨大地震が襲うことも考慮に入れると、作品ごとの倒れやすさを精査しながら対応に当たる必要がある。

（3）　免震装置の原理と利用上の注意

　免振装置は地震波の大きさを減衰させる装置であり、減衰力が大きいほど、震度の大きい地震に対応できることになる。また、地震動によって生じたずれが元に戻る強さを復元力と言い、それが大きいほど連続した揺れに強い。

　装置の性格を特徴づけるものに復元力を作る仕組みがある。復元力を作る仕組みは、複数のものが実用化されており、まず、湾曲したレールを車輪が走行するタイプ、湾曲した面を球体のベアリング又はマーブル状のベアリングが動くタイプがある。これらの方式は何れも振り子の原理を応用したものであり、そのために積載荷重が変わっても免震性能が変化することはない。一方、コイルばねを使用して復元力を生み出す装置の場合、積載荷重が免震装置に大きく影響することになり、注意が必要である。減衰力については、装置のほとんどは転がり摩擦あるいは滑り摩擦によって生み出している。

　湾曲した面やレールを使用した装置の場合、揺れ幅が限界を超えて脱輪した時には強い衝撃が発生し、大きな事故につながることが考えられる。その点を補うために、復元力を生み出す機構をすべて省き数ミリの鋼鈑を重ねただけで、滑り摩擦による減衰力だけに機能を絞った製品もある。仮に想定外の揺れ幅が発生した場合でも、脱輪のような衝撃は発生しないのが特徴である。ただし、原点に復帰する機能はない。

　以上のようにさまざまな装置があることから、装置の上に展示台やケースなどを設置し、さらに資料の展示を行う場合には、学芸員や職員から装置に関する注意点をよく聞いてから作業に取り掛かるようにする。最後に、展示作業中には免震装置が動かないように固定し、展示作業が完全に終了したと同時に固定を外すことを忘れないようにすることが重要である。

⑥ 保存管理

　博物館施設に限らず屋内で保管される資料はさまざまな原因で損傷し、劣化が進行する。例えば、地震による転倒や輸送中の衝撃による破損、高い湿度によって生じるカビ汚染、害虫による食害、浮遊する埃や微細な粒子の付着による汚染、空気中に含まれる有害なガスや酸素による腐食、修理に使用された接着剤が原因となって発生する表面彩色の浮き上がり、温湿度変化が引き起こす機械的な伸縮によって発生する亀裂やひび、経年劣化が原因となる粉状化など多様な劣化が生じる。博物館等における保存管理は、(1) 調査診断：収蔵品の状態及び収蔵展示環境の状態調査と診断、(2) 予防保存：さまざまな有害な影響に対する予防的な処置の実施、そして (3) 修理保存：損傷を受け、劣化が進行した資料の保存処置、これらの3つの作業で構成される。これらの内容と程度はそれぞれの施設の状況によって異なるが、近年は予防保存が中心となりつつある。

(1)　調査診断

　調査診断には他館へ貸し出す資料の状態点検、修理保存を必要とする作品の状態調査、資料の材質及び技術に関する調査、収蔵庫及び展示室内の環境のモニタリングなどがある。こうした作業のために、目視観察の他に各種の科学機器を使用する。調査診断によって資料や保存・展示環境に存在するリスクを見つけ出し、その大きさを評価することによって、予防保存や修理保存を実施する際に役立てることになる。

(2)　予防保存

　展示収蔵場所の環境を常に安全かつ安定な状態で維持するために、予防保存による維持管理が行われる。予防保存では、温湿度の安定化、有害な空気成分及び有害な光の除去、総合的害虫防除管理（IPM）によるカビや虫など有害な生物の排除、輸送の安全を確保するための処置の実施、そして災害対策などが含まれる。

　安定な温湿度を保つためにアクティブ・コントロール（能動的管理）とパッシブ・コントロール（受動的管理）による方法が用いられる。パッシブ・コントロールでは、例えば展示ケースの中に調湿剤を入れ、収蔵庫の中では木製の収納箱や収納棚を使用することによって材料の吸放湿性を利用して相対湿度の安定化を図る。一方、博物館等に備えられている空調設備はアクティブ・コントロールとして働き、さらに空調の能力を補完するためにポータブル型の除湿機と加湿器を用いて、相対湿度の安定化を図る場合がある。

　館内を清浄な環境に保つことが資料の保全にも良い影響を及ぼす。収蔵庫内へ入る前に靴底や台車の車輪に付着した汚れや土を除去するために、入口付近にソールマットを敷くのはその一例である。また、定期的に展示室内のケースや壁の清掃を行うことも大切である。さらに、空調設備が館内に取り込む外気から有害な化学物質を取り除くために、化学

吸着フィルターが空調設備に組み込まれることが多い。

　館内には館外から侵入してきた害虫やカビが生息することがある。それらは人や資料に付着して侵入する場合や、気密性が低い構造部分から侵入することがある。資料の表面や内部、あるいは周辺に害虫やカビの存在が確認された場合には二酸化炭素あるいは酸化エチレンを用いた燻蒸を行って、殺虫・殺黴に努める。それらの存在が疑われる場合には、プロフルトリンなどの薬剤を自然蒸散させることによって、展示ケース内や収蔵庫内を生物被害から守るようにする。館内に生息するゴキブリなどの生活害虫に対してはホウ酸団子などの薬剤を廊下や階段に配置して、日頃から駆除を心がけることが重要である。

　照度及び積算照度のコントロールによって、光化学変化による色彩の褪色や劣化の進行を抑制することができる。資料の分野ごとに照射できる照度と時間は厳密に定められているのでそれに従う。

（3）　修理保存

　環境的な影響による劣化や経年変化、繰り返し行われる取扱いによる損傷など、資料にはさまざまな原因による損傷が見られる。それら損傷部位が拡大して深刻な状態になる前に、安定した状態に戻すことが重要であり、そのためには最小限の処置が必要になる。最小限の処置は、作品の輸送や展示の前に損傷の拡大を止めるため、あわせて見た目の安定性を付与するために行われ、対症修理と呼ばれている。対症修理は予防保存と組み合わせることによって、作品に必要以上の手当てを加えることなく、安定性を効果的に付与できる。害虫による食害によって生じた穴、接着力の低下によって生じた糊離れ、長年の使用によって生じた折れ癖や巻き癖などの変形、酸性紙を使用したマットなどが対症修理の対象となる。

　最小限の処置では対処できないほど損傷が進行している場合には、本格修理によってその安定化を図ることになる。本格修理には高額の経費が必要であること、また通常、短いもので半年から1年、長くなると2年以上の修理工期を要するため、一度に沢山の資料の修理はできない。本格修理では解体、洗浄（クリーニング）、欠失部分の充填、脆弱部分の強化、変形個所の整形などの工程を経る。必要以上の強化や充填は行わないように心掛けることによって、現状の姿を維持することを目指している。これを現状維持修理と言い、本格修理の原則になる。

　対症修理あるいは本格修理に使用される材料や方法は、数十年から百年後に再度行うことになる修理の時に除去できる材料、そして元の姿に戻すことができる方法でなければならない。このような性質を可逆性と言い、修理保存では極めて重要な鉄則である。修理に使用される材料はオリジナルよりも劣化のスピードが速く、選択を誤るとオリジナルに致命的な悪影響を与えることになる場合があるため、材料の選択には十分な研究、経験、配慮が必要となる。

※この章の**3**(3)は、日本通運株式会社、ヤマト運輸株式会社の協力を得て作成した。

2　素材別の留意事項

神庭　信幸

1　素材と環境の変化

　本書の第3章以降では、作品分野別に取扱い上の留意事項を示している。各作品分野の留意事項には、素材に由来する部分があるので、各作品分野に入る前に、素材別の留意事項を概観しておきたい。

　素材により差が生じることの一つは、移動による環境の変化の影響である。まず、移動に伴う環境の変化から作品を守るために必要な考え方を説明する。

　美術品等の移動に伴って、移動元と先との間で環境についての具体的な指示の多くは、移動先においても移動元の湿度環境を尊重することが求められることである。例えば、相対湿度が70％を超える高湿度の環境で保管されてきたものは、移動先においてもできるだけ相対湿度が高い環境が求められる。急激な湿度の低下は作品を構成する素材に含まれる水分の放出に繋がり、その結果作品に亀裂、反りや歪みが生じることになる。移動先において70％を超える湿度の維持が困難な場合、シーズニングによって時間をかけて作品を環境に馴化させなければならない。

　水分を吸収したり、放出したりし易い素材は、ある特定の環境下で長期間保管・展示されると、その場所の環境に順応して環境と平衡状態になる。つまり、周りの環境の相対湿度に相応しい水分を素材自体が保持することになる。もし、周りの相対湿度に大きな変化が生じると、それによって素材が含む水分量も変動し、素材の膨張や収縮を招くことになる。その結果、時には亀裂や元に戻らない変形を生じることになる。このように、過去の環境の履歴は作品の保存に強い影響を及ぼすものであることを覚えておくことが大切である。

　70％を超える相対湿度環境下に長く保管されてきた作品を、移動先でカビが発育しにくい環境に収蔵・展示するために湿度を下げることを検討する場合も、40％を下回るような極端な環境は、水分を急速に放出して収縮、亀裂、反りなどが起こる可能性が高い。したがって、環境を変えたとしてもせいぜい50～65％、18℃～26℃の幅の中のどこかの値である。ただし、新しい環境に馴染むためにはそれ相応の期間が必要になる。

　金属の場合、金属からの水分の吸放出はないと考えてよいので、過去の環境の履歴に左右されることなく、できるだけ低い相対湿度の環境に置く方が腐食を生じさせないという点で望ましい。陶磁器や石材の場合も、基本的には環境の履歴から強い影響を受けることはなく、かつ腐食を生じることもない。しかしながら、60％を超える相対湿度は、金属、

陶磁器、石材、ガラスのいずれの表面に付着した埃などに含まれる栄養源を元にして、カビの発生が危惧されるので、注意が必要である。

　ただし、劣化して銀化したガラスは、保管環境の相対湿度が高い場合には水分を多量に含んでいる可能性があるので、環境の履歴に配慮した相対湿度管理が必要であり、急激な変化は避けなければならない。

　このように、移動や取扱いによって生じる環境の変化は作品に大きな影響を及ぼすことがあり、そのことについて十分に配慮した取扱いを心がけることにより、環境の変化による作品の損傷を防ぐことができる。

② 素材別の取扱い上の留意事項

　美術品等に使用される素材の分類とその性質の概略を示すことから始める。素材はまず有機物と無機物に分かれる。有機物は動植物から得られる素材で、無機物は鉱物や金属などの素材である。有機物は温湿度の変化によって膨張・収縮をしやすく、それに伴って変形する。また、カビや害虫の栄養源でもあるため、それらからの被害を受けやすい。さらに光に対しても敏感であり、素材の脆化や変褪色を生じやすいものである。無機物は温湿度、生物、光に対しては比較的堅牢であるが、空気中に含まれる汚染物質の腐食を受けやすい。振動や衝撃による破損は有機物、無機物を問わず、作品の構造、大きさ、重量などに左右される。

　一般に美術品等は両方の素材を組み合わせた複合素材のものが多いので、作品の分野ごとにおける留意点を単純化して示すことは困難であるが、取扱いと梱包、そして輸送に係る作業が1週間前後で完了すると想定して、そうした時間内で留意すべき事柄を素材ごとに述べる。

　ここで1週間前後を前提としたのは、もし1か月あるいはそれ以上の時間を梱包・輸送に要することになると、梱包に使用する各種の素材から発生する腐食性のガスの濃度と、作品への影響をより厳密に評価しなければならないからである。短時間であれば、影響を無視できると考えて差し支えない。ただし、可能な限り安全な梱包材の使用を心がけるべきであり、輸送を終えた作品を梱包された状態のまま長期に保管することは一般的に避けなければならないのは当然のことである。

（1）　金属製の作品

　表面が地金の金属である作品は、掌の油脂分が表面に付着して、新たな錆の原因となるのを避けるために、原則として、取扱いの際には白手袋の着用が必要である。できるだけ低い相対湿度の環境に置く方が腐食を生じさせないという点で望ましい。また、合板等から発生するアルデヒド類や有機酸によっても錆が発生するので、注意を払わなくてはならない。

薄い金属部分は変形しやすいので、接触面に薄葉紙を挟んで養生し、動かないように固定する。

考古遺物など、錆が作品の大部分を占める場合、ちょっとしたショックで錆が修復不可能な程度に破損することがあり、錆の保存状況に細心の注意を払うことが求められる。

(2) 陶磁器・土器

化学的には安定しており、環境の影響を受けにくいが、取り扱い中あるいは輸送中の振動・衝撃による影響を受けやすい。入（にゅう）と呼ばれる細かな亀裂が胎土深く入り込んでいる場合には、強い衝撃によってその部分から割れるなど、取り返しのつかない破損が生じるので、取扱いや輸送時には振動と衝撃に気を付けなければならない。

極端な例は、落下による破損である。陶磁器は、表面が平滑かつ湾曲したものが多く、手袋を使用しての取扱いは落としやすいので、使用してはならない。また、水差のように、細くなった先端が本体から張り出している場合には、箱からの出し入れの際に接触によって破損する恐れが高く、一層の慎重さが必要である。箱に接触しないよう十分な空間を確保するとともに、クッション材を利用して作品をしっかりと固定する必要がある。

土器は陶磁器より表面は滑りにくいが、経年により脆くなっているものが少なくないことに留意する必要がある。

(3) 石やガラス製の作品

化学的には比較的安定しているが、表面が劣化している場合には、水分を吸収しやすい場合があり、急激な環境の変化は避けたい。

取り扱い中や輸送中の振動・衝撃による影響を受けやすいのは当然である。

石製のものは一見丈夫そうに見えるが、細工のしやすい石材が選ばれている場合には、意外に脆いものがある。ガラスは、経年により脆くなっているものが少なくないことに留意する必要がある。

(4) 木製の作品

木材は、水分の含有量により膨張・収縮し、急激な環境の変化は、作品の破損の原因となる。また、害虫やカビの発生リスクが高い素材であり、その防止のためにも、相対湿度の管理やシーズニングに意を用いる必要がある。

強度が比較的弱いわりに重量があるので、運搬の際には、衝撃や加重に気を配る必要がある。突起部を持つことは特に禁物である。

考古遺物の場合、脱水処理後、樹脂の含浸処理をする場合があるが、こうした処理後の木材は、見かけよりずっと重量がある。留意したい。

一般的には手袋は用いない。漆で覆われている場合は、アルコールで手脂をぬぐって、

素手で扱うのが原則である。

（5） 紙製の作品

　害虫やカビの発生リスクが高い。湿度の管理は重要である。

　紙製の作品の多くは、文字や絵が描かれ、掛物や屏風などの作品に仕立てられている。梱包や輸送、展示に当たっては、仕立てられた作品分野に応じた取扱いが求められる。また、描かれた絵や文字の素材などによっても、異なった配慮が求められる。

　この本の第3章以降、作品分野別に留意事項を記述しているので、参照願いたい。

（6） 布製の作品

　布製品も、害虫やカビの発生リスクが高く、その防止に努めることが求められる。

　布製の作品の多くは、梱包の際、折り畳む必要がある。正しい折畳み方により折り畳むとともに、折り畳んだ部分が荷重による圧迫できつく折れないように、薄葉紙などを用いて当てものを挿入して防ぐことが求められる。

　衣装の場合は肩や裾は特に傷みが進行しているので、取扱いには注意を要する。染色に使用された植物染料は光に対して鋭敏で退色しやすい素材であるため、照射する光の量は極力少なくして作業にあたる必要がある。

　媒染剤に鉄成分を用いた黒色に染めた布は、経年により繊維が脆くなっていることが多いので、注意が必要である。

（7） 藁等の植物性の素材で製作された資料

　害虫やカビの発生リスクが極めて高く、配慮が求められる。

　かつては日常品だったものが少なくない。このため、長期間の使用を前提に製作されておらず、乾燥や経年で脆くなって、小さな衝撃で破壊されることがあるので、取扱いには注意が必要である。「民俗・民族資料」の章を参照願いたい。

（8） 生物の標本等

　生物の標本や剥製は、害虫やカビの発生リスクが高い。他の作品と物理的に隔離することを考慮することが必要な場合もある。

　標本等がケース等に収められていても、ガラスがなくて、むき出しの場合があるので、どういうケース等が用いられているかによって取扱いが異なる。「自然史標本」の章を参照願いたい。

（9） 重量物や形の複雑なもの

　彫刻が典型的であるが、重量があれば、取扱いにはそれだけ工夫が求められる。形が複

雑であれば、それだけ梱包にも輸送にも配慮が求められる。

　同じ作品は二つとない。個別のケースに応じて、慎重に梱包・輸送計画を作成するとともに、臨機応変に事態の変化に対処することが求められる。

3 陶 磁 器

今井　敦

1 基本的な留意事項

　陶磁器は文化財の中では化学的にもっとも安定しており、温湿度の影響をほとんど受けない。また、光による影響もほとんどない。その反面、衝撃に対してはきわめて弱いことは周知の通りである。一旦、破損すると著しく価値が下落することもあるので、注意が必要である。ただし、漆工や金工品と異なり、作品に異状がある場合は必ず表面にあらわれるので、注意深く観察して取り扱うことにより、危険を未然に回避することができる。

　陶磁器を手に取る場合には、見た目と実際の重量に開きがあることがあるので、他の材質の工芸品と同様慎重に行わなければならない。器形をよく見た上で、重心より心持ち下の最も安定した部分を注意深く持ち、必ず両手で扱う。持ち上げる時には一方の手を底に添えて重量を受けるようにする。大型の壺などは、片手を口から中に入れて、もう一方の手で底を支えて運ぶようにすれば安全である（写真1）。置くときには衝撃を与えないよう特に注意する。

写真1　大型の壺の持ち方

　取り上げる前に構造上弱い部分や修理箇所をチェックする。陶磁器は修復箇所がわからなくなるように修復されているものも多い。不用意に作品を持つと、修復箇所が外れてしまう恐れがあるため、事前に所蔵者等作品の状態をよく把握している者に確認しておくこと。決して把手、握り、つまみを持たないようにする。つまみや把手などは、構造上弱いばかりでなく、後世の修理を受けていることが多いので、容易に破損するおそれがあり、不用意に触れるべきでない。蓋を扱う時は、つまみを持つことなく、蓋の下辺に手を添えてそっと持ち上げる。碗や鉢、皿の口縁部は、底部と比べて薄く作られており弱いので、伏せて置くことは慎まなければならない。釉薬の上に文様を絵付けした色絵や、金・銀を焼き付けた作品は特に擦れて剥落しやすいので、みだりに触れるべきでない。

　手は事前に洗ってきれいにしておく。調査や借用の先では、必要に応じて無香料のウェットティッシュなどで手脂を取っておく。木綿製の白手袋は、手指の感覚が鈍くなり、また

写真2　作品の持ち方

写真3　作業台での桐箱の持ち方

滑りやすくなるので通常は用いない。ただし、赤や金など摺れて剥落しやすい絵の具が多用されている作品を扱う場合や、香炉の銀製の火屋などを扱う際には手袋を用いるほうがよい。茶入の底部の釉薬が掛かっていない部分には、礼儀上の問題からも、素手で触れるべきでない。作品を手にとって見るときには、両肘を机につけた状態で持つ（写真2）。こうすると必要以上に高く持ち上げることがないので、万が一の際にも被害を最小限にとどめることができ、見た目にも安心感を与える。

　陶磁器の表面は多くの場合ガラス質の釉薬で覆われているため、衝撃によるひび割れや擦り傷が付きやすい。手脂などの汚れや指紋等をふき取る際には、メガネ拭きのような極細繊維の布を用いると、汚れがよくとれるばかりでなく、釉薬の表面を傷つけることがない。ただし、この場合も軽く拭く程度にとどめ、汚れがひどい場合は専門家に任せるべきである。

　運ぶときには、蓋や重箱など構造上外れる部分は必ず外してから運ぶようにする。作品は面倒でも一つずつ運び、小さな作品をいくつか同時に運ぶ際には必ず通い箱を用いる。倒れやすい形状の作品を仮置きする際には、綿布団を敷きその上に置く。

　作業時には整理整頓を励行し、視野の範囲外にも気を配らなければならないことはあらためていうまでもない。事前に所蔵者から注意点を聞いておくことも重要である。陶磁器自体は安定しており堅牢な性質をそなえているが、これを収納する箱は木工品であり、ひび割れが生じ、あるいは虫損を受けていることがある。また御物袋（仕覆）や包裂、真田紐（以下「紐」と記す）や風呂敷は染織品であるので、年月を経て劣化していることが多い。箱の把手を不用意に持つようなことは避けなければならない。また、箱の底が弱っている可能性を想定して、底を支えて持つべきである（写真3）。紐を持って吊り下げるような持ち方は、厳に慎まなければならない。風呂敷で包まれている場合には、結び目をしっかりと持てば安全に取り扱うことができる。桐箱や御物袋の取扱い方については、「11　茶道具」の章を参照願いたい。

2 通常の展示方法

地震国である日本では、万が一の場合に備えて、安全な展示位置と展示方法を考える必要がある。重心が高い器物は、砂などを袋に包んで中に入れ、安定を図る（写真4）。「ミュージアムワックス®」などの転倒防止固定材は、外国ではしばしば用いられるが、釉薬が掛かっていない露胎の部分にシミを付けるおそれがあり、日本ではあまり用いられない。美術品用粘着シートは、有効な場合もあるが、三彩や楽焼のような軟質の陶器では釉薬を剥がしてしまう恐れがあり、また茶陶の場合底部についた古い汚れを落としてしまうことがあるので、使用に際しては注意を要する。

写真4　砂袋の使用

テグスを張って転倒を防ぐ場合もあるが、土器など焼成温度が低い作品の場合、締め付ける箇所を傷める危険性があり、注意を要する。必要に応じて、作品に当たる箇所にはチューブを使用して保護する。展示台などに釘やピンを打つ場合には、作品に振動が伝わらないようにする配慮が必要である。

がたつきがある場合には、必要に応じて緩衝材を入れるが、緩衝材の材質によっては釉薬が掛かっていない露胎の部分に汚れやシミを付ける恐れがあり、注意が必要である。プラスチック消しゴムは、修理を受けている作品の塗料や接着剤を溶かす恐れがあり、使うべきでない。

近年では免震テーブルなどを使用することが多くなったが、これは地震の振動を低減するための装置であるので、過信は禁物であり、必要に応じて他の措置を併用すべきである。免震テーブルの特性として、横揺れは低減するが縦揺れには効果がない。免震テーブル自体も展示面にしっかりと固定されていなければならない。免震テーブルを使用する場合には、作動したときにガラス面や他の作品などに当たらないだけの十分なクリアランスを確保しておかないと、かえって危険となる場合もあり、注意を要する。茶道具の展示に袱紗を敷く場合があるが、これは安全のためというよりも、作品を大切に扱っている敬意の表現である。地震対策を施すときには、見た目への配慮も重要である。支柱や五徳などの演示具を使用する場合は、安全を十分に確保したうえで、鑑賞性を損なわないようにしなければならない。

いずれの場合も、個々の作品の形状や状況を判断して、最善の方法を選択するのであり、ある特定の方法をとれば絶対安全ということではない。展示中に万が一転倒した場合を想定して、被害を最小限にとどめる心配りが重要である。

3 梱　包

　梱包に際しては、まず現状を注意深く確認し、新しい傷や取扱い上の注意点は確実に調書に記しておく。書付類、あるいは風呂敷や紐に付けられている木札など、付属品についても紛失などがないように記録し、特に必要がない場合には留め置き、別に保管しておく。現状を注意深く確認することにより、最善の梱包方法を選択することが可能になり、開梱時の無用のトラブルを未然に防ぐことができる。

　一般的にはまず作品自体を包裂や御物袋（仕覆）で包み、これらが無い場合には薄葉紙で包んで緩衝材等に直接触れないようにする。作品に生綿の細かい繊維などが付着するようなことがないようにしなければならない。付属の箱が移動に耐えると判断される場合には箱に収める。そうでない場合にはダンボール等で輸送用の箱を作製し、綿布団などで養生してから収める（第1章の 3 (3)参照）。

　茶道具などは二重、三重の箱に収められている場合がある。これは先人たちの知恵によるものだが、輸送中の環境の変化や衝撃から防ぐ意味で望ましい。ただし、箱自体も作品の履歴を語る重要な資料といえるので、蓋表や蓋裏の箱書きに触れないように注意する。蓋の覆紙自体も歴史的な価値をもつ場合があり、取扱いには注意を要する。箱の桟は木釘が緩んで外れることがあり、気を付けなければならない。仕覆の緒や縫（つがり）は傷んでいることが多いので、特に注意して扱わなければならない。外箱に紐がある場合、結び目を作ると、隙間無く包むことが困難であるばかりでなく、圧力がかかって箱の蓋を毀損する恐れがあるため、結び目を作らずからげておくだけにする。

　保管のための梱包と輸送を目的とした梱包とでは方法が異なる。中国などでは複雑な器形の通りに内側を窪めた箱をしばしば用いるが、これは保管のためのものであり、これを輸送に用いると、振動が加わることによって突起部に力が加わる恐れがあるため、輸送には適さない（写真5）。輸送用の箱を作製し、構造上強い部位を固定するようにすべきである。器形の複雑なものは、弱いと思われる箇所を十分に確認した上で、突出した部分を薄葉紙等で巻いて養生し、万が一の衝撃から守るようにする。蓋などを重ねた状態で収納する場合、擦れや輸送中の振動による衝撃を和らげるに合布や合紙を挟むが、過剰だと口部に圧力がかかってかえって危険なので注意を要する。

　箱の中の空間に余裕がある場合には、丸めた薄葉紙や綿などを軽く詰めて緩衝材とし、箱の中で動かないようにする（第1章の 3 (3)参照）。この場合、万が一の衝撃

写真5　保管用の箱

が加わった際に、突起などの構造上弱い部位に力がかからないよう、よく考えなければならない。過剰な詰め物は、かえって緩衝材としての役割を果たさなくなるばかりでなく、箱を傷めることもあるので、注意しなければならない。晒（小型の作品の場合は薄葉紙でも可。ただし、目の方向に注意）を幅広く十字にわたしておき、取り出しの安全をはかることも重要である。晒等で作品を引き出すときは、口縁を圧迫しない程度に絞り込む。絞り込まない場合は、晒の隙間から作品が滑り落ちないように配慮すること。片手で引き出し、もう一方の手で取り出した作品を支えるようにする。大型の作品を引き出す場合には二人以上で行うべきである。

　内容品を別梱包するときには、印を付けるなりメモを入れるなりして状況が一目でわかるようにする配慮が必要である。特に注意が必要と思われる部位には、梱包の上から印を付けておく。部品を別に梱包する際には、緩衝材と一目で区別できるように薄葉紙で作った紐を掛けておくなどの措置が必要である。特に梱包を担当する者と開梱する者が異なる場合、注意点を調書に記して、確実に申し送りしなければならない。取扱いに特に注意を要する作品は、一番上にメモを入れ、開梱時の注意をうながす。

　総じて輸送中に発生しうるさまざまな衝撃や振動ができるだけ作品に伝わらないようにし、また梱包・開梱時の人為的な作業ミスを未然に防ぐ心遣いが重要である。

④ 輸　　送

　陶磁器は温度湿度の変化に対しては比較的強いが、衝撃や振動には特に注意をはらわなければならない。積み降ろしの際には衝撃が加わらないように、特に注意する。俑のような複雑な構造の作品を輸送する場合、構造上強い部位が進行方向前方になるように積み込み、万が一の急ブレーキの際に作品に無理な力が加わらないようにする。焼成温度の低い陶器の場合、強い衝撃が加わらなくても、振動が繰り返し加わることにより、入と呼ばれるひび割れが進行する恐れがあるので、緩衝材を適切に用いることにより、作品に直接振動が伝わらないような配慮が必要である。

⑤ 開　　梱

　基本的に梱包時の逆の手順となる。開梱の前にまず外装の異状の有無を確認する慎重さが必要である。陳列に用いない付属品は、梱包時の調書と照合して点検したのち、元の箱に戻しておく。展覧会のための輸送の場合は、再度返却のための輸送が発生するため、梱包材等は、再梱包時の作業を想定して、わかりやすく整理してそれぞれの箱に収めておくようにする。

⑥ 保存管理

　外した梱包材等は、その場で整理整頓するように心がけ、少しの異状も見逃さないよう

にしなければならない。場所がないからといって、空いた外箱の上に内箱を斜に重ねて開梱するようなことは厳に慎まなければならない。すべてにわたって人手、資材や機材、時間に余裕がない状況では作業をしないことを肝に銘じ、時間や手間を省くために基本的な手順を守らないようなことがあってはならない。

用 語 解 説

頸、肩、胴、腰

壺や瓶などのいわゆる袋物や茶碗の各部位を、人の身体に見立てて呼ぶ。［図解］

見込み

碗、皿、鉢など開いた器形の器の内面をいう。特に中心部を指すこともある。壺や瓶などの内面は見込みとはいわない。［図解］

茶溜り

茶碗の部分名称。見込みの中央部をいう。茶を喫し終えたときに茶が溜まることによりこう呼ばれる。［図解］

茶筅摺り

茶碗の部分名称。茶を点てる際に茶筅が当たる見込み中央の茶溜り周辺をいう。

茶筅摺れ

茶碗を長い年月使用したことにより、茶筅摺りの釉薬の表面にできた細かい疵をいう。

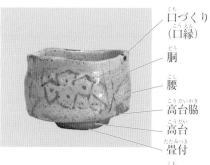

茶碗
Tea Bowl

口づくり（口縁）
胴
腰
高台脇
高台
畳付

畳付
高台内（裏）
見込み
茶溜り

壺
Jar

口づくり
頸
肩
胴
腰
裾
底

（提供：東京国立博物館）

高台
_{こうだい}

器皿の底部で器体を受ける部位をいう。轆轤成形後に削り出す削り高台と、粘土で成形した高台を貼り付ける付け高台とに大別される。形状によってさまざまな呼び名がある（写真6）。

写真6　高台

畳付
_{たたみつき}

器物を置いた際に畳や机に直接触れる部分をいう。茶碗のように高台が付く器形の場合、高台の底面で畳に接する部位をいう。茶入の場合は盆に載せるため盆付という。［前ページの図解参照］

兜巾
_{ときん}

高台の内刳りが山形に盛り上がっているものをいう（写真7）。

写真7　兜巾

貫入
_{かんにゅう}

釉薬に生じたひび割れのこと。釉薬と胎土の収縮率の違いにより、冷却中に生じる。疵ではないが、布などが引っかかると釉薬が剥落する場合があり注意を要する。大きな貫入の場合、素地まで達していることがある（写真8）。

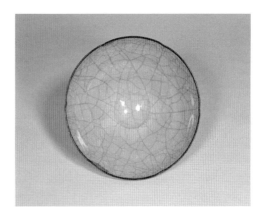

写真8　貫入

目跡
_{めあと}

焼成時に陶磁器を支える耐火粘土の塊などの目の痕跡をいう。重ね焼きの場合には見込みにも目跡が生じる（写真9）。

山疵・窯疵
_{やまきず}　_{かまきず}

焼成中に生じたひび割れなどの疵のこと。単に山ともいう。

石はぜ

素地に混ざった大粒の砂石が、焼成の際にはぜて、素地からはじけ出たように

写真9　目跡

見えるものをいう。

入
<small>にゅう</small>

口縁から内側に向かって伸び、途中で
止まっているひび割れをいう。振動や打
撃によって入が進行すると割れる場合が
あるため、注意を要する（写真10）。

写真10　入

鳥足
<small>とりあし</small>

放射状に入った疵をいう。何かが当たっ
た打撃痕が鳥の足跡のように見えることからこう呼ばれる。

ホツ

口縁や高台の縁などが小さく欠けて疵になっているものをいう。ホツレともいう。

当たり

器物の肌に何かが当たり、小さな疵やヒビを生じているものをいう（写真11）。

蛤
<small>はまぐり</small>

口縁などに何かが当たり、楕円形に削げているものをいう。疵の形が蛤の貝のように見え
ることからこう呼ばれる。

共繕い

陶磁器の修理法の一つで、破片を接着し、欠失部を補填したのち、修理の痕跡がわからな
くなるように色合わせして補修することをいう。共直しともいう（写真12）。

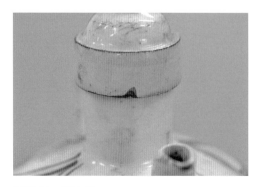

写真11　当たり

写真12　共繕い

金繕い

　割れた部分の接着に漆を用い、その上から金粉を蒔く修理法。金接ぎともいう。主に茶碗などの茶陶で行われる（写真13）。

呼び継ぎ

　別個体の破片を欠失部に嵌め込んで修復することをいう。趣味性の強い陶器の補修法である。欠失部の形に合わせて他の陶磁器の破片を嵌め込んだものは入歯ともいう（写真14）。

虫喰い

　口縁や稜の部分に生じる釉薬の剥落をいう。原料の質が悪く、素地と釉薬の収縮率の相違により発生する（写真15）。

写真13　金繕い

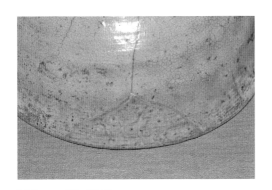

写真14　呼び継ぎ

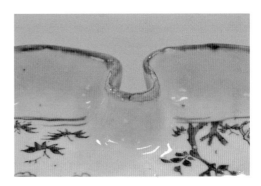

写真15　虫喰い

4 漆 芸 品

小松　大秀

1 一般的な注意

　いつもと違うことをしてはいけない。大切なのは、細かい扱い方のルールよりも心構えだ。これは古いものだから、とか高価なものだからと緊張すると、かえって思わぬ粗相をすることがある。また、後述のように、漆芸品は素手で扱うことが多い。緊張すると、指先に汗をかき、それが作品を汚損することにつながる。

　作品を取り扱う際には、まず平常心を保つこと。それから、自分のスタイルを確立するようにしたい。野球のピッチャーが常に同じフォームで投げることを目指すように、作品を取り扱う者も、常に同じフォームを確立するようにしなくてはならない。日常的に作品に接していれば、ふと緊張が緩んだりする瞬間がないとはいえない。そのような場合、取扱いのフォームを体が憶えていれば、無意識のうちに適切な扱いができるものだ。

　また、漆芸品についても、絵画作品などと同様のきちんとした温湿度管理、照度の管理、照明の質の管理が必要であることはいうまでもない。

2 実際に作品に接する際の注意

（1）　手袋をするか、しないか

　海外の美術館では、漆芸品の扱いは原則手袋を用いるし、なかには医療現場で使うラテックスの手袋が出てくるようなところもある。

　私は、手袋使用の可否は、扱おうとする作品の状態によると考えている。例えば、古い作品によくみられるように、塗膜の表面に断文（亀裂）があったり、一部塗膜が剥落しているようなもの。こういった作品を手袋で扱うと、布地に剥離しかけた漆膜を引っかける、といった事故を招きやすい。

　写真1をよくみると箱の角に亀裂と剥落がある。塗膜のみならず、漆芸品の表面には、貝、金属の薄板、箔などさまざまな素材が貼り付けられており、手袋で扱うのはきわめて危険である。ただ、素手で漆芸品に触れる場合、指先の清潔を保つことは大原則である。私の場合、作品に触れる直前に、写真2のような消毒用エタノールを含

写真1　亀裂と剥落

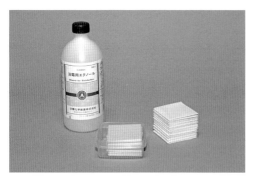

写真2　消毒用エタノールを含浸させたペーパー

写真3　手のひらや指がべったりつかないよう
　　　　角を持つ。

写真4　手袋をして塗膜の表面を持つ。

浸させた布片で指先と掌を入念に拭うようにしている。

　その上で、表面にべったり指をつけたり、掌をつけないような持ち方をこころがけたい。また、文章で表現するのはなかなか難しいが、取扱いに慣れていれば、危険のない範囲で箱の角とか稜線、盆の縁などの部分で作品を支えるような持ち方をしたほうがいい。写真3のように手のひらや指がべったりつかないよう、角を持つ。

　一方、新しい作品で塗膜の表面の艶が保たれているようなもの。これについては、指先の乾燥に自信がなければ手袋をしたほうがよい。

　写真4のように現代の作品は手袋をする。塗膜の表面に手脂がついたままで長期に保管すると、その部分だけ汚損して拭っても落ちなくなる。多くの作品を扱っていると、先人の指紋がべったりついた器物を見受けることがよくある。

　ただし、手袋をすると指先の感覚が失われることを忘れてはならない。ごくわずかな塗膜の浮き上がりや、金貝（金属の薄板）の剥離などは、手袋ごしではまったく察知することができない。そして手袋をしていると滑るので、うっかり作品を取り落とすといった危険があることも承知しておかなくてはならない。

（2）　漆芸品取扱いのあれこれ

　漆芸品は素地（多くは木製）の表面を塗膜が覆っているため、素地の一部が脆弱になっていても、表面からそれを察知することはできない。だから、作品を扱う際には原則として両手で、それも作品の重心に近い部分を支えて持つことが重要である。例えば、硯箱のような箱物の場合、箱の一方の側板にのみ指をかけるような持ち方をすると、素地の接合部に負担がかかって、思わぬ事故につながることがある。必ず両手で、底板に指をかけて

持ち上げるようにしなくてはならない。これは盆のような器物についても同様で、周縁の立ち上がりの部分を片手で扱うのは不可である。

また、漆芸品には、提手、把手、提鐶、抓、紐金具、引手金具など、持ち上げたり、紐を通したり、引き出したりするためのさまざまな金属部品が付けられている。これらについては、永年の使用で金具本体が傷んでいたり、素地との接合が緩んでいたりする場合があるので注意しなくてはならない。私は、原則として提手、把手、提鐶、抓を持って作品を持ち上げたり、蓋をとったりすることはないし、引手金具を持って抽斗を引き出すこともしない。写真5のような抓があっても、縁を持つ。

写真5 抓があっても縁を持つ。

写真6のような抽斗は、間紙で引き出す。その金具が本来の機能を果たしていることが充分に確認できてから金具には触れるべきである。

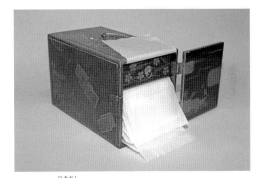
写真6 抽斗は間紙で引き出す。

前述のように、漆芸品には金属部品が付属するものがある。その場合、一般の金工品と同様、結露の問題が発生する。冬季など、急に寒いところから暖かい室内に作品を持ち込むのは避けるべきである。

また、特に注意を要するのは印籠である。多くの場合、印籠には根付が付属するが、

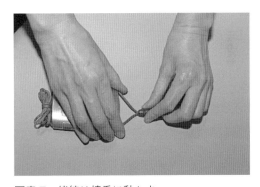
写真7 緒締は慎重に動かす。

印籠を不注意に取り扱うと、紐に付けられた根付が本体に当たって傷を付ける場合がある。扱う際には、一方の手で印籠を持ち、他方の手で根付を持って、両者が触れ合わないように注意しなくてはならない。また、印籠に通された紐には、締まり具合を調整するための緒締という玉が付いている。この玉にはガラスであったり、練物であったりと脆弱な素材が用いられていることがあり、扱いには充分注意しなくてはならない。具体的には、緒締の前後で紐が膨張していることがあり、緒締を無理に動かそうとすると、紐通し穴に力が加わって、緒締そのものが割れてしまうことがある。緒締を動かそうとするときには、細心の注意を払わなくてはならない。写真7のように緒締は慎重に動かす。

3 結　び

　これは他の分野の美術品にも言えることだが、扱おうとする作品の仕組み、構造、制作された時代について、充分な知識を持つことが必要である。作品をよく知れば、自ずからどのような取扱いが適切であるかを知ることができる。

　また、個々の作品について、それぞれの「健康状態」を知ることも大切である。展覧会の借用などで、扱ったことのない作品に接するとき、まずはその作品をよく知る人（ほとんどの場合は所有者）に、傷んでいる部分はないか、日ごろどのような扱いをしているかをよく確認しなくてはならない。漆芸品の取扱いにおいても、考えられる危険をあらかじめ察知し、事故を未然に防ぐ。いわば「危機管理」が絶対に必要であることを銘記すべきである。

> 漆芸品取扱心得
> 一、ゆったりとした心構えをもつ。
> 一、自分のスタイルを確立する。
> 一、「危機管理」の意識をもつ。

印籠各部分名称

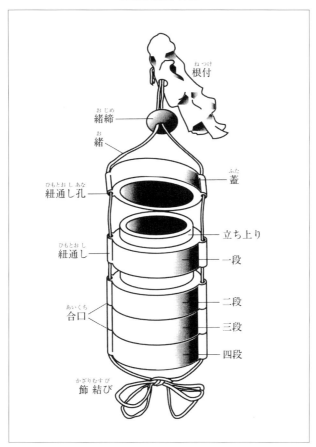

手箱の部分名称

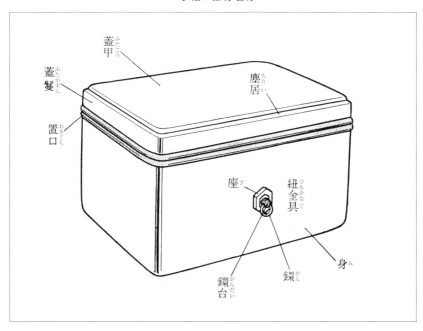

蒔絵
まきえ

　蒔絵は漆器の表面に漆で文様を描き、漆が乾かないうちに金銀などの粉を蒔きつける装飾法である。研出蒔絵、平蒔絵、高蒔絵の三種類を基本とする。
　　　　　　とぎだしまきえ　ひらまきえ　たかまきえ

　研出蒔絵は、平滑な漆器の表面に絵漆で文様を描き、漆を塗ってから炭や炭粉などで研ぎ出す。平蒔絵は、漆器の表面に金銀などの蒔絵をほどこし、磨き上げて文様とする。高蒔絵は、漆や漆の下地を用いて文様に肉付けをし、金銀などの細粉を蒔いて磨き上げ、立体感のある文様を表わす。さらに、高蒔絵と研出蒔絵を同時に用いた豪華な肉合研出蒔絵や水墨画のぼかしを思わせる研切蒔絵など複雑な技法を組み合わせた蒔絵もある。また、文様の細線を表わす方法に描割、針描、付描などがある。
　　　　　　　　　　　　　　　　　　　　　　　　　　　　ししあいとぎだしまきえ
　とぎきりまきえ
　かきわり　はりがき　つけがき

　蒔絵には文様以外の部分を飾る各種の地蒔きがある。梨子地は平らな金銀粉を濃淡に変化を加えながら蒔き、その上に透漆を塗り、漆の中に黄金の輝きを見せる。平塵や塵地は粗い金銀の粉をまばらに蒔き、漆を塗って研ぎ出す。沃懸地は粉を密に蒔き詰めてから研ぎ出し、金属表面を思わせる強い輝きで金地、粉溜ともよばれる。
　　　　　　　　　　　　　　　　　　　　　なしじ　　　　　　　　　　　　　　　
　すきうるし　　　　　　　　　　　　　　　　　へいじん　ちりじ
　いかけじ
　きんじ　ふんだめ

螺鈿
らでん

　文様の形に切った貝や砕いた貝の輝きで漆器を飾る方法。厚貝を用いた技法には、塗り上げた漆器の表面に貝を嵌める彫り込み、漆の下地に貝を埋めてから漆を塗る埋め込みなどがある。薄貝を用いた技法には、貝を文様に切り漆面に貼り付け、その上に漆を塗ってから研ぎ出すか剥ぎ起こして文様を表わすほかに、貝を細かく砕いて蒔き付ける蒔貝、幾何学文様などに切った貝を並べて飾る置貝などがある。
　　　　　　　　　　　　　　　　　　　　　　　　　　　　　　　　　　まきがい
　おきがい

平文
ひょうもん

　金、銀、鉛などの薄板を文様の形に切って貼り付ける技法。奈良時代には平脱ともよばれた。
　　　　　　　　　　　　　　　　　　　　　　　　　　　　へいだつ

沈金
ちんきん

　漆を塗った表面に、線彫、点彫などをほどこし、そこに金箔などを埋め込んで文様を表わす技法。中国では鎗金ともよばれた。
　　　　　　　　　　　　　　　　　　　そうきん

漆絵
うるしえ

　漆に顔料を入れて作った彩漆で文様を描く装飾法。赤、黄、緑、茶などの発色が得られる。
　　　　　　　　　　いろうるし

箔絵
はくえ

　漆を塗った表面に、漆などで文様を描き、金、銀などの箔を貼って飾る方法。

彫木漆塗
<ruby>彫木漆塗<rt>ちょうもくうるしぬり</rt></ruby>

　木地に文様を彫りこみ、そこに色漆を塗って飾る方法。中国から伝わった<ruby>彫漆<rt>ちょうしつ</rt></ruby>を簡略にしたもので、一般的には鎌倉彫とよばれる。

5 金　工

伊藤　信二

■1 金工の多様性について

　金工品とは金属工芸品のことで、さまざまな金属あるいは合金類を加工・成形したものであるが、一口に金工といっても、その材質・技法・種類（用途）はきわめて多岐にわたる。取扱いや梱包・輸送にあたっては、これらの点についてある程度の知識を有しておくことが望ましいと思われる。以下に概略と注意点を述べる。

（1）材　質
　古文化財に使用される単体の素材としては、金・銀・銅・錫・鉄・鉛・亜鉛が主要なものとしてあり、近現代ではこれらにプラチナ・アルミニウム・ニッケルなどが加わることとなる。さらにこれらの金属を数種類ずつ混ぜた合金を含めれば、材質の種類はより多岐にわたる。古文化財の代表的な合金は銅を主体とするもので、少量の錫・鉛を混ぜた「青銅（せい どう）」、混ぜる錫の分量を多くすることで白色を呈する「白銅（はくどう）」、錫・鉛を混ぜて製品に熱処理を施し黄色を呈する「佐波理（砂張）（さ はり）」、少量の金を加えた「赤銅（しゃくどう）」、少量の銀を加えた「四分一（朧銀）（し ぶ いち・おぼろぎん）」、亜鉛を加えた「真鍮（しんちゅう）」などがある。また1点の作品に異なる材質の金属を併用することは、特に近世以降盛んに行われる。個々の材質は、色調・質感・硬度において個々の特性が異なり、伝統的な古文化財では、モノの用途と形状に即して、材質が選択されてきた。

（2）技　法
　技法としては以下に大別される。
　①成形技法
　a）鋳造（ちゅうぞう）

　金属を溶解し、型に流し込んで成形する。原型を製作せず、器物の形や文様を鋳物土に直接彫り込んで鋳型を造る「惣型鋳造（そうがたちゅうぞう）」、蜜蠟で原型を製作して鋳物土で覆い、加熱して蜜を溶かし出した隙間に溶解した金属を流し込む「蠟型鋳造（ろうがたちゅうぞう）」、原型を鋳物土で造り、鋳物土で覆って外型とし、原型の表面を器物の厚さだけ削って中型とする「削中型鋳造（けずりなかがたちゅうぞう）」、土や木などで原型を製作し、鋳物土で覆って直接型を取る「込型鋳造（こめがたちゅうぞう）」、作品から直接型を取る「踏返し鋳造（ふみかえ・ちゅうぞう）」などがある。

ｂ）鍛造

　金属のもつ展延性を利用して、槌などで打ち延ばしたり、曲げたりして成形する。1枚の金属を表裏から打ち出して立体的に造形したり、文様を浮き出させたりする「槌起（打出）」、金属板を折り曲げ、鑞付けや溶接などで接着して立体的に造形する「板金」、鋳造や木製で製作した原型の上に金属板を乗せ、上から叩いて原型の形に成形する「押出」などがある。

　②装飾技法

ａ）彫金

　鋳造や鍛造で成形した金属器に彫り刻んだり、他の金属を嵌めこんで文様を表し装飾する。毛筋のような細い線を刻す「毛彫」、楔形三角の点を連続して彫り繋げ線とする「蹴彫」、文様の形に切り透かす「透彫」、文様に段層状の彫を入れて立体感を出す「鋤彫」、槌起などで文様部分を平面より高く盛り上げ、細部を彫り込む「高肉彫」「薄肉彫」、文様の表面の周囲を彫り下げて中の文様を立体的に表す「肉合彫」、金属の表面を彫って他の材質の金属を嵌めこむ「象嵌」、文様の地に鏨で小さな○点を密集させて打ち込む「魚々子」などがある。

ｂ）鍍金

　金属の表面に金を定着させて黄金色とする技法。金属の表面に水銀を塗り金箔を貼って焼き水銀を飛ばして定着させる「箔鍍金」、金粉と水銀でアマルガムをつくり器物に塗って焼き水銀を飛ばして定着させる「アマルガム（銷）鍍金」、漆で金箔を貼る「漆箔」などがある。同様に銀を定着させる「鍍銀」、錫を定着させる「鍍錫」がある。

ｃ）七宝

　金属の表面にガラス釉を塗り、焼いて釉を定着させる。金属で文様と文様の界線を設ける「有線七宝」、界線を設けない「無線七宝」などがある。

　③接着技法

ａ）鑞付

　鑞となる金属を熱して溶かし接着する技法で、同じ材質の金属同士を接着する場合に用いられる。古文化財では銀鑞が一般的である。

ｂ）鋲留

　鉄製や銅製の楔や鋲を打ち込み、足先を曲げたり別の鉄頭を付けて固定する。

ｃ）楔留

　穴をあけた柄を部材に設け、本体の柄穴に通して貫通させた後、柄の穴に楔を通して固定する。

ｄ）かしめ留

　部材に柄を設け、本体に穴をあけて部材の柄を差し通した後、柄を叩いて潰し固定する。

e）鋳からくり・鋳ばめ

　先行して鋳造した器物の一部に鋳型を仕込み、溶解した金属を流して組み付ける。

（3）　種　類（用途）

　一口に金工品といっても、その内容はこれまた多種多様である。わが国の金工の歴史は弥生時代から始まるが、これより古墳時代までは考古資料の章に譲るとして、飛鳥時代以降では概略以下のようなものがある。

a）像

　仏像・神像・鏡像（きょうぞう）・懸仏（かけぼとけ）など

b）仏具

　・荘厳具（しょうごんぐ）（舎利容器（しゃりようき）・経筒（きょうづつ）・幡（ばん）・華鬘（けまん）など）
　・供養具（くようぐ）（香炉（こうろ）・華籠（けこ）・華瓶（けびょう）・燈籠（とうろう）・燭台（しょくだい）など）
　・僧具（そうぐ）（水瓶（すいびょう）・鉢（はち）・錫杖（しゃくじょう）など）
　・密教法具（みっきょうほうぐ）（金剛鈴（こんごうれい）・金剛杵（こんごうしょ）・大壇具（だいだんぐ）など）
　・梵音具（ぼんおんぐ）（梵鐘（ぼんしょう）・鰐口（わにぐち）・磬（けい）・鉦鼓（しょうこ）・雲版（うんばん）など）
　・修験道用具（しゅげんどうようぐ）（笈（おい）・入峯斧（にゅうぶおの）など）

c）生活調度

　・化粧道具（鏡など）
　・装身具（簪（かんざし）・櫛（くし）など）
　・文房具（水滴（すいてき）・矢立（やたて）・印籠（いんろう）など）
　・飲食用具（茶湯釜・煙管（きせる）など）
　・調度品（置物・額など）

d）武器武具

　・武器（刀剣・刀装具・鉄砲など）
　・武具（甲冑（かっちゅう）・兜（かぶと）など）
　・馬具（轡（くつわ）・鐙（あぶみ）など）

e）金具類

　・鐶金具（かん）・紐金具（ひも）・隅金具（すみ）・飾金具（かざり）・釘隠（くぎかくし）・引手（ひきて）・建築部材など

f）銭貨

2　基本的な留意事項

　以下留意点について述べる。

（1）　材質別の留意点

　材質からみていけば、金は最も高価値な金属であり、繊細な細工や装飾などに使用され

ることが多いが、柔らかい金属でもあって毀損しやすく、慎重な扱いを心掛けたい。

　銀は金についで高価であり、それ自体が製品となるほか装飾の一部に使用されるが、特に外気のガスや手脂などで容易に黒化（硫化）するため、慎重なハンドリングと保存環境への配慮が必要である。

　銅や銅を主体とした合金は、金属質じたいは前二者に比べれば堅牢であり、仏像・仏具・生活用具のほか金具類など、最も広く用いられる。とはいえ形状・技法によってはこの限りでないことはいうまでもなく、特に湿度が高いと緑青を生じる恐れがある。

　鉄はそれ自体は強固で、武器武具や釜などの煮沸器に用いられるが、水分や湿気によって容易に錆びやすく、保存環境に対する配慮が必要である。錫は漆工品など箱の置口（おきぐち）などに用いられることが多いが、やはり高湿度で腐食しやすい。

（2）　技法から見た留意点

　技法の面からの注意点としては、鋳造品はおおむね堅牢であるといえるが、平安時代後期の銅鏡のようにごく薄づくりのものがあり（写真1、2）、また溶解した金属（いわゆる湯）が型に十分に回らず、「鬆（す）」という孔を生じていることもあり、必ずしも衝撃に強いとは限らないもので、丁寧なハンドリングが肝要である。水瓶のように、相応の重量をもつ蓋や取っ手を鋲やかしめて留めている場合があり（写真3、4）、これらに負担をかける扱いや梱包をしてはならない。

　鍛造品は金属の展延性を利用し、打ち延ばして成形するものであるが、鉢のように極めて薄づくりに仕上げたものがあり（写真5）、また均一に展延されずに薄くなっている部位もあり、衝撃による破損の恐れがある（写真6）。こうした部位がすでに破損し亀裂を生じていることも少なくない。

　彫金では仏像や懸仏の光背などは、薄い金銅板に文様を透彫しており、細緻な透かしにより引っ掛かりや亀裂が生じているものが多く、慎重な扱いと養生が必要となる（写真11、13）。

　象嵌では金属が経年により素地から分離しやすくなっているものもあり（写真14、15）、七宝では同じことがガラス釉の部分にいえ、慎重な扱いが必要である（写真18）。

　鍍金・鍍銀・鍍錫は素地に薄い被膜となって定着しており、簡単に剥離するものではないが、乱暴に扱えば塗膜が擦れる可能性があり、ひっかき傷（ヒケ）も付きやすい（写真5、写真13）。また銀や錫は湿気や手脂により色変しやすく、注意が必要である（写真16、17）。

　部材と部材を接合する部分が脆弱であることはいうまでもない。鑞（ろう）付け部分はわずかの衝撃によって分離することがある（写真17）。鋲留やかしめ留も、潰した頭の部分が経年の磨滅で小さくなり、逆に貫通させた穴が大きくなっていることがあり（写真4、10）、この部分に負担をかけるような扱いは厳禁である。

(3) 用途（種類）から見た留意点

　用途（種類）の点からいえば、仏像・仏具などは材質としては青銅製が最も多い。成形技法は鋳造・鍛造ともにあり、装飾技法は彫金・鍍金が併用され、接合技法も上記各種が用いられている。古いものが多く、経年により劣化や後世の補修が少なくないことをあらかじめわきまえておくことが肝要である。

　生活用具や刀装具、金具類は特に近世以降、本体や装飾に金や銀が多用され、成形・装飾・接着技法も各種が使用されるが、全体に繊細な造りのものが多く、慎重な扱いを心掛けたい。釜や武器武具は鉄製であることが多いが、甲冑は鉄以外の金・銀・金銅なども飾金具に使用され、また漆や染織も併用される（甲冑の項を参照）。鉄は一見堅牢だが、経年による鉄錆が生じていることも多く、乱暴な扱いで現場に錆を落としてしまうことは避けたい（写真21）。

③ 展　　示

(1) 展示に当たっての留意点

　このように金工は材質・技法・種別（用途）が極めて多岐にわたり、取扱いには個々に応じた対応が必要であるが、全般に共通する点としては、

・取り扱う前に、材質構造・技法・用途などを把握し、脆弱と思われる部分や修理箇所を十分にチェックする。

・ハンドリングの際には手袋を着用し、汗や手脂を付けないようにする。ただし繊細なつくりのもので、手袋によって手の感覚が鈍くなったり、繊維にひっかけて毀損してしまう恐れのあるものについては状況に応じ判断する。

・作品によっては金属製であるため重量があるものも多く、局所に負担をかけないように複数人員で扱う。

・作業時には整理整頓を励行し、視野の範囲外にも気を配る。

・収納箱を扱う際には箱の底や紐が弱っていることを考慮し、箱本体を底から支持して扱う。

(2) 展示方法

　これについても金工は千差万別で、個々に応じた展示が行われることとなる。以下基本的な注意点を記す。

・金工品はものによっては重量物があり、展示の際には無理をせず複数の人員を確保して行う。

・造作によって展示台を製作した場合や、支持材を製作した場合、重量に十分耐えうるか、事前の十分な検証が必要である。また色調を映えさせるために、展示台を黒色に仕上げる場合があるが、「ハイミロン®」は表面の鍍金・鍍銀を損ねる恐れが指摘されており、

作品と直接に接触しないような緩衝剤を挟む。支持材は塗装仕上げとすることがあるが、塗装が十分に乾いているか、また展示の際剥離して作品に付着しないかなどの検証が必要である。

・ガタツキがあるものは、底にシリコンゴムなど緩衝剤を挟むことがあるが、鍍金・鍍銀などがある場合これを剥離させないかどうか判断し、他の緩衝剤（紙・布・「エサフォーム®」など）を選択する。

・器物などで重心が高いものは、砂や鉛玉などを袋に包んで中に入れ安定をはかる。不安定な場合によってはテグスを懸けて固定することもあるが、この際はテグスと器物の接触部分で擦れが起こらないよう、接触部分にビニールチューブを用いて保護する。この際も接触部分が表面の鍍金などの装飾を損ねないか、繊細な構造の場合無理な力をかけないかという判断が必要となる。

・斜台に鐔や目貫、小柄・笄 などの刀装具を展示する際、金属ピンを打って固定・支持することがあるが、ピンと作品とが直接接触して傷をつけないよう、ビニールチューブを被せる。

④ 梱包・開梱

　陶磁器に準ずるが、追加する点を挙げると、金工品は複数の部材を接合して構成しているものも多く、振動によるガタツキで接合部が分離してしまう危険性はより高い。事前の養生や、箱詰めの際、薄葉紙や綿布団、「エサフォーム®」などの緩衝剤を詰めるといった衝撃対策はより入念に行われるべきである。また鐶金具や垂飾などは揺れて金属同士が接触しないよう、薄葉紙などで養生する揺れ止めを施すことが必要である。

⑤ 輸　　送

　陶磁器に準ずるが、追加する点を挙げると、

・金工品は複数の部材を接合して構成しているものも多く、振動によるガタツキで接合部が分離してしまう危険性はより高い。事前の養生や、箱詰めの際、薄葉紙や「エサフォーム®」などの緩衝剤を詰めるといった衝撃対策はより入念に行われるべきである。

・金工品は重量のあるものもあり、トラック輸送の際、慣性の法則により大きく動いてしまい、作品じたいはおろか他の同梱作品にも衝撃を与えてしまう恐れがあるので、特に入念に固定する必要がある。

⑥ 保存管理

・当然のことながら高湿度の環境では緑青などの錆を生じてしまうため、適切な湿度管理が必要である。

・潮風などの塩分による銅製品の緑青、排気ガスなどによる銀製品の硫化などの例もあり、

また昨今、屋外の文化財に関する酸性雨と錆の問題も報告されており、適切な環境下に保管されることが望ましい。

　寒冷な環境に長期間置かれた作品を点検・梱包・輸送した場合、暖房の整った施設内で急に開梱すると、結露を生じる可能性がある。この場合、集荷前の保存環境、輸送トラック内の環境、及び開梱する施設の環境などを勘案し、場合によっては数日置いて環境に慣らすシーズニングを行うことも必要である。

写真1　銅鏡。銅鋳造。一見堅牢そうに見える
　　　銅鏡も、型に溶解した銅を注入し冷却する工
　　　程をとるため、強い衝撃が加われば割れるこ
　　　とがある。

写真2　平安時代後期の銅鏡は薄く鋳造された
　　　ものが多く、慎重な扱いが必要である。

写真3　柄香炉。銅鋳造、鍍金

写真4　取手は別材で、本体にかしめ留されて
　　　おり、ここに負担を懸けることは避けたい。

写真5　鉢。銅鍛造（槌起）で成形し、表面を
　　　轆轤で挽いて形を整え鍍金する。

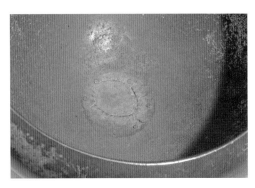

写真6　胎が薄く造られたものが多く、小さな
　　　衝撃でも打痕や亀裂を生じやすい。

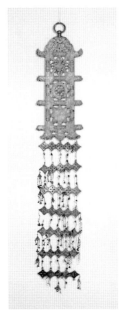

写真7 幡。銅板に透
彫や蹴彫、毛彫など
の彫金技法で文様を
表し鍍金する。透彫
によって面積が狭く
なっている部分は、
亀裂が生じやすい。

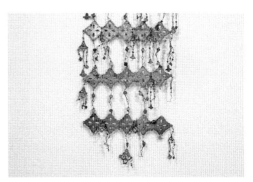

写真8 下部の垂飾（瓔珞）は、銅線が弱って
いる場合があり、揺れ止めなどの養生が必要
である。

写真9 華鬘。銅鋳造、鍍金。文様には毛彫や
鋤彫などの彫金技法を施す。

写真10 上部の鐶金具や周縁の覆輪は本体に鋲
留されているが、この鋲が緩んでいる場合が
ある。

写真11 懸仏。像は銅鋳造、細部に毛彫で線刻
し鍍金する。鏡板は鍍銀あるいは鍍錫

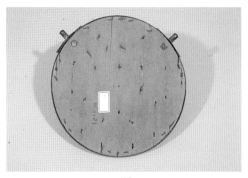

写真12　本体の背面に柄(ほぞ)を作り、あるいは像に穴をあけ、背面で楔留や銅線で留めるかしているが、楔や銅線が緩んでいる場合がある。

写真13　光背は極めて薄い銅板に透彫を施しており、亀裂や曲りを生じやすい。

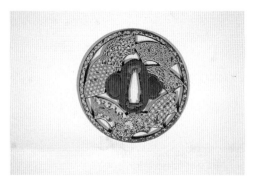

写真14　鐔。鉄鍛造。赤金・青金などを象嵌する。

写真15　象嵌部分は鉄を彫り込み、別の金属を埋め込んでいるが、経年により接合が緩くなり、別材の金属が分離してしまう可能性がある。

写真16　簪。本体は銀鍛造

写真17　花や鳥などの銀細工を鑞付しており、接合部が小さな力や衝撃でも分離する恐れがある。また珊瑚などの玉石が嵌装されていることも多く、経年により接着や嵌装が緩くなっている場合がある。

写真 18　引手金具。銅鋳造、表面に七宝を施す。

写真 19　ガラス釉の接着が経年で緩んでいる場合がある。

写真 20　茶湯釜。鉄鋳造。底を仕替え、尾垂れとしている。

写真 21　茶湯釜は鉄製が大半で、経年により鉄錆を生じているものがあり、丁寧な扱いが必要である。

金

　黄金色に輝く金属。摂氏1064度で溶解する。展延性が大きく柔らかい。大気中でも水中でも酸化することなく常に美しい光沢を保つ。作品本体のほか、装飾具や鍍金、赤銅のような合金にも使用される。

銀

　白色光沢のある金属。摂氏961度で溶解する。展延性は金についで大きい。純粋な銀は大気中でも酸化（硫化）しやすく黒変する。作品本体のほか、装飾具や鍍銀などの加飾、四分一のような合金にも使用される。

銅

　純銅は赤茶色を呈する。摂氏1084度で溶解する。他の金属との合金がよく、展延性にも優れる。産出量も多いため、金工品の素材としては最も広く利用される。純銅のまま使用されることは少なく、少量の錫・鉛を混ぜた「青銅」、錫を多くすることで白色を呈する「白銅」、錫・鉛を混ぜて、製品に熱処理を施し黄色を呈する「佐波理（砂張）」、少量の金を加えた「赤銅」、少量の銀を加えた「四分一（朧銀）」、亜鉛を加えた「真鍮」などがある。塩分や高湿度の環境では緑色の緑青錆を生じる。

錫

　灰白色の金属で、摂氏232度で溶解する。展延性もあり、作品本体としては近世の酒器、茶器などのほか漆工品の置口にも使われ、また懸仏の鏡板の加飾に銀の代用として鍍錫されることがある。水分や高湿度で腐食・変色しやすい。

鉄

　摂氏1538度で溶解する。硬質で融点も高いため、武器武具や馬具、釜・炉・燈籠など耐熱性を要する器物にも用いられる。水分や高湿度で酸化しやすい。

鉛

　摂氏327度で溶解する。古代以来の銅合金や、鉄砲の弾丸などに使用される。

亜鉛

　摂氏419度で溶解する。近世以降の銅合金に使用される。

鋳造

　金属を溶解し、型に流し込んで成形する技法。型の製作方法によって種類が分かれ、原型を製作せず、器物の形や文様を鋳物土に直接彫り込んで鋳型を造り鋳造する「惣型鋳造」、

蜜蝋で原型を製作して鋳物土で覆い、加熱して蜜を溶かし出し、焼き締めて鋳型を作り鋳造する「蝋型鋳造」、原型を鋳物土で造り、鋳物土で覆って外型とし、原型の表面を器物の厚さだけ削って中型とし鋳造する「削中型鋳造」、土や木などで原型を製作し、鋳物土で覆って直接型を取り鋳造する「込型鋳造」、作品から直接型を取り鋳造する「踏返鋳造」などがある。

鍛造

金属のもつ展延性を利用して、槌などで打ち延ばしたり、曲げたりして成形する技法。一枚の金属を表裏から打ち出して立体的に造形したり、文様を浮き出させる「槌起（打出）」、金属板を折り曲げ、鑞付や溶接などで接着して立体的に造形する「板金」、鋳造や木材、粘土などで製作した原型の上に金属板を乗せ、上から叩いて原型の形に成形する「押出」などがある。

彫金

鋳造や鍛造で成形した金属器に彫り刻んだり、他の金属を嵌めこんで文様を表し装飾する技法。毛筋のような細い線を刻み表す「毛彫」、楔形三角の点を連続して刻み繋げ、線を表す「蹴彫」、器に文様の形を切り透かす「透彫」、文様に段層の彫を入れて立体感を出す「鋤彫」、槌起などで文様部分を平面より文様を高く盛り上げ、細部を彫り込む「高肉彫」「薄肉彫」、文様の表面の周囲を彫り下げて中の文様を立体的に表す「肉合彫」、金属の表面を彫って他の材質の金属を嵌めこむ彫「象嵌」、文様の地に鏨で小さな〇を密集させて打ち込む「魚々子」などがある。

鍍金

金属の表面に金を定着させて黄金色とする技法。金属の表面に水銀を塗り金箔を貼って焼き水銀を飛ばして定着させる「箔鍍金」、金粉と水銀でアマルガムをつくり器物に塗って焼き水銀を飛ばして定着させる「アマルガム（銷）鍍金」、漆で金箔を貼る「漆箔」などがある。同様に銀を定着させる「鍍銀」、錫を定着させる「鍍錫」がある。

七宝

金属の表面にガラス釉を塗り、焼いて釉を定着させる。金属で文様と文様の界線を設ける「有線七宝」、界線を設けない「無線七宝」などがある。

鑞付

鑞となる金属を熱して溶かし接着する技法で、同じ材質の金属同士を接着する場合に用いられる。古文化財では銀鑞が一般的である。

鋲留

鉄製や銅製の楔や鋲を打ち込み、足先を曲げたり別の鉄頭を付けて固定する。

楔留

穴をあけた柄を部材に設け、本体の柄穴に通して貫通させた後、柄の穴に楔を通して固定する。

かしめ留

部材に柄を設け、本体に穴をあけて部材の柄を差し通した後、柄を叩いて潰し固定する。

鋳からくり・鋳ばめ

先行して鋳造した器物の一部に鋳型を仕込み、溶解した金属を流して組み付ける。

6 刀　　剣

原田　一敏

1 刀剣の梱包と輸送

（1）　白鞘について

　刀剣の種類は、太刀、刀、脇指、短刀、剣、薙刀、槍がある。それらには漆塗の鞘（さや）などの外装が備わっているものもあるが、その多くは朴（ほう）の木で作られたいわゆる白鞘に収められている。したがって、刀剣を輸送する場合は白鞘に収められている状態で梱包するのが一般的である。

　白鞘は、もともと刀身を保護保存するためのもので、古くなった白鞘は新たに作り直すようにしている。しかし、中には江戸

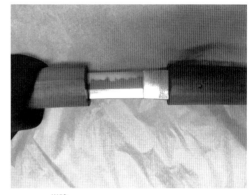

写真1　鎺（はばき）

時代に作られたものを現在でもそのまま使用している場合がある。概して古い白鞘は木取りが薄く、経年によって繋ぎ合わせ目の糊付けがはがれていることや、刀身と鞘がぴったりと合わず、刀身を白鞘に収めていても、ガタガタと動いていることがしばしば見られる。刀身と鞘の固定は、刀身の元に付けている鎺（はばき）だけによるものであり、その緩みによって、刀身が鞘内で遊ぶことがある。この緩みによって、刀身にヒケ（注1）やアタリ（注2）と呼ぶ傷が付く。古い鞘のものは特に注意が必要である。

　古い白鞘は鞘書など由緒を墨書しているものもあり、それを別途保存し、緩くなった鞘は新規に制作するほうがよい。古い白鞘で輸送する場合は、刀身に油を多めにひき、傷を付きにくくする必要がある。

（注1）　刀身についた細かな傷。ガラスの表面を光にかざすと、細かな引っ掻き傷が見えるが、それと同じように見える。

（注2）　白鞘の内側で、刀身が擦れて刃先や刃文に傷がつくこと。

（2）　薙刀（なぎなた）と槍の輸送

　特に注意を要するのは薙刀と槍の輸送である。

　薙刀は、刀身の物打（ものうち）の部分が張って幅広くなっており、白鞘制作では概して柄を鞘に部分的に入れる呑口（のみくち）式のものが多い。呑口式は、鎺（はばき）で固定する刀や短刀などと異なり、固

定があまくなる。そのため鞘の中で刀身の最も幅広の箇所で動いてしまい、鞘の内側と接触することも多く、そこでヒケやアタリが付く危険性が高くなる。

　また槍も多くは呑口式であるが、両鎬造、平三角造の直槍は、大きな危険性は少ない。しかし枝刃を付けた鎌槍や十文字槍は、白鞘の鞘口を、枝刃を収めるために大きく開けて作るため、鞘内でガタガタ遊ぶことは避けられない。

　こうした作品も刀、短刀と同様、油を多目にひいて、ヒケやアタリを付けないようにリスクを回避する必要がある。

　私はかつて海外展で片鎌槍と十文字槍を出品するための梱包をしたことがある。その時は、両槍ともに既存の白鞘には入れず、油を多めにひいて、家庭用のラップに包んで、さらにそれをネルの布で包んだ。それをウレタンにその槍の形を写して窪ませて切り取って、その窪みに槍を入れて輸送した。ラップ、布ともに槍の刃によって切れることはなく、傷もつかなかった。また、江戸時代の白鞘に入った短刀も鞘アタリ（鞘が緩く、刀身が鞘内で触れている状態）があったため、これもラップに包んで、その白鞘に入れて輸送したが、問題はなかった。

　しかし、この輸送方法は個人所蔵家、学芸員にとってまだ慣れておらず、理解されにくい。所属する博物館の保存担当者、また所蔵家とも相談して、やむを得ない場合に留めておくべきであろう。この場合、輸送後は直ちに開梱して、通常の刀剣の手入れを行って点検し、油をひいてもとの白鞘に戻すべきである。薙刀も同様であるが、ラップを厚くすると白鞘に入らなくなるため、できるだけ重なりは少なく、薄く巻くようにしたほうがよい。

（3）　通常の刀身の梱包と輸送

　通常の白鞘に入っている刀身は、このような手段は用いず、刀身の点検を行って輸送の準備にかかる。刀身は白鞘に収まり、刀袋に入っているが、刀袋は柄から鞘が抜けないような役割もあるので、著しく破れている場合を除いて、使用すべきである。

　刀剣の梱包は、特に特別な方法なく、刀袋に入れて薄葉紙で包み、それを綿布団で包んで段ボール箱に入れるだけである。その場合注意するのは、刀身の刃の方を上にして箱に収めた方が輸送中の揺れなどによる鞘アタリなどが生じる危険性は少ない。刀身を横つまり平におくことは鞘と当たる可能性が高いので避けるべきであろう。

　また輸送業者は、2枚の気泡入りプラスティック板「エサフォーム®」に、鞘の断面形の切れ込みを入れて、段ボールに両面テープで留め、その切れ込みに鞘を落とし込んで固定することを行っている。この場合は薄葉紙だけの包みで綿布団は使用しないが、安定しているので、多くの本数を輸送する場合には良い方法である。

　外装の梱包は、特に鞘塗や柄糸など脆弱な箇所を十分に注意する必要がある。持ち上げるときに最も安全な箇所は、太刀拵の場合、懸吊するための足金物と足金物の間である。刀拵は、栗形より少し上の鞘を直接持つと安定する。鞘は他の漆工品と同様であり、蒔絵

や金具のスレや剥離に注意し、また足金物や責金、石突の金具が動くかどうかを確認する。金具が動くと鞘の漆にスレが生じるので、動く時は薄葉紙でその箇所を包んで固定するなどの処置を行い、よく揉んだ薄葉紙で包む。

② 刀剣の手入れとその道具

（1）　手入れをする理由

　刀剣は、さまざまな分野の文化財のなかでも日常的に手入れという作業を行わなければならない。その最大の理由は、刀身に錆を生じさせないためである。錆びさせないために刀剣専用の油を塗る。しかし、油を塗ったまま2年ほど放置しておくと、油は無くなるか、あるいは乾燥し、刀身にこびりついてしまう。それが錆の原因となるのである。そのために最低でも1年に1度は、油をひきなおす必要がある。また、展示するときは、油分をきれいに拭い取り、鍛えや刃文がよく見える状態にする。その作業が博物館における刀剣の手入れなのである。

（2）　手入れの道具

　刀剣の手入れの道具は、打粉、拭い紙、油、油をひく綿や布、目釘抜きなどがある（写真2）。それに茎が抜け難いときに用いる柄の当て木、木槌を使用する。

　打粉は一般的に非常に細かな砥石の粉を、綿に含ませそれを絹布に包んだものである。また拭い紙は和紙の美濃紙を用いている。油は丁子の実から採った丁子油が古くから使われている。

　これらは刀剣商で購入することができるが、実際に使用する前に一手間かける必要がある。特に美濃紙は堅く、繊維のなかに木皮やゴミなどが混ざっている場合があり、まず手でよく揉んで、ネルの布のように軟らかくし、その過程で木皮やゴミを取り除かねばならない。

　拭い紙は最低2枚用意する。1枚は刀身に付いている古い油をとるもの、もう1枚は打粉を打ったあとに、その打粉を拭い取るもので、混用は絶対にしてはいけない。また、市販の打粉の中には粒の粗い粉が混ざっ

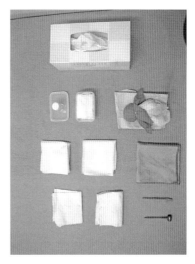

写真2　手入れ道具（上段：ティッシュペーパー。2段目左から刀剣用の油と脱脂綿、打粉。3段目左からネルの布2枚、極細繊維の布。4段目左からティッシュペーパー2組、目釘抜き（金属製と竹製））

ていることがあり、強く刀身に打粉を打って拭い紙で拭うと、打粉の大粒の砥石粉を拭い紙で擦ることになり、ヒケを付ける原因となる。

　研ぎたての刀身は鏡のように光輝いているが、ヒケはガラスの表面の目に見えにくい

引っ掻き傷のようなものである。刀剣の収集家はそのヒケをもっとも嫌うのであり、借用して作品にヒケを付けた場合、研直しによる弁済をしなければならない事態になることもある。

　刀身は研ぎの最後の過程で、地は黒くするための「拭い」を入れ、刃文は白くするために「刃取り」という仕上げを行う。ヒケやスレは、その仕上げを損ね、下地を出してしまうのである。打粉を打つ時は軽く打って荒い目の粉が出ないように心掛けるようにしたい。

　現在では、手入れ道具によるヒケをつけるリスクを無くすため、新しい素材の道具を東京国立博物館では使用している。美濃紙の拭い紙は使用せず、高品質のティッシュペーパーに変えている。2、3枚重ねたものを用意し、これで油を拭い、新しいティッシュペーパーで打粉を拭い、1本の刀ごとに使い捨てている。美濃紙は、打粉を拭った際に、その打粉が紙について固まり、それで刀を拭った時にヒケを付けてしまうことがある。実際にヒケをつける原因は何度も使い古した拭い紙を使用することが最も高い。慣れないうちは、ティッシュペーパーをネルの布に挟んで使用すると刀で手を切るようなことはない。

　また、ティッシュペーパーとともに、高級カメラのレンズ拭きのような極細繊維の布を活用している。ただし極細繊維の布にはガラス質の繊維を織り込んだものがあり、これを使用すると逆に刀身にヒケを付けてしまうので、ポリエステル100%のものを使用する。具体的な布名をあげると、高密度編地素材「ミクロディア$^{®}$」が今のところ最適である。これは大型カメラ店で市販されていて入手は容易である。

　私は、手入れをするとき、最初にティッシュペーパーで古い油を拭き取り、次に「ミクロディア$^{®}$」で残った油を拭うが、これだけで油はほとんど取れてしまう。打粉は展示する場合のみ軽く打って、ティッシュペーパーでそれを拭っている。「ミクロディア$^{®}$」は何度か使用したあとで、中性洗剤で洗い、よく濯いで乾かすと何度でも使える。

　展示をしない作品の定期的手入れでは、打粉を打たないようにしている。これによってヒケをつけるリスクは大幅に回避でき、打粉の粉で室内を汚すこともない。

　また、刀身に油をひくときは厚手の脱脂綿を使用し、油のついた所が黒ずんできた段階で捨て、新しいものに替えるようにしている。脱脂綿はプラスティックのような密閉できる容器に入れて保管しておく。

　目釘抜きは市販の銅製の小鎚形のものが多く使用されているが、これも万一刀身に当てると傷をつける恐れがあるので、竹を削った手製のものを使用している。

　次に安全な手入れの方法とそのコツについて説明する。

▌3 刀剣の手入れの方法

　刀剣の手入れは、保存のために油を取りかえることと、展示の際に鍛え、刃文などがよく見えるようにすることにある。前述した道具を整えて、次の順に行う。博物館に所蔵されている刀剣はほとんどが白鞘に納められているので、白鞘に入っている刀を対象とし

た。拵えに入っているものも、その方法はほぼ同様である。

① 袋から柄を出し、左手で柄を持ち、右手で目釘抜きを持ち、挿さっている目釘を取り
　外す（写真3）。

② 抜くときは、力をいれて柄を引きぬか
　ない。柄を握りながら右手の親指と人差
　指を鞘の側面に当て、鞘を押出すように
　すると鯉口（鞘と柄の境目）から刀身が
　出てくる。鎺という刀身に付いている
　金具が見えたならば、刀身の背を滑らす
　ように ゆっくりと鞘から抜く（写真3）。

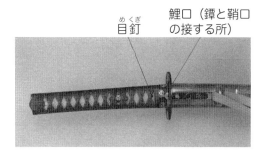

目釘　鯉口（鐔と鞘口
めくぎ　の接する所）

写真3

③ まず、鞘に入った刀を、刃を上にして
　鞘を左手で下からささえるように持ち、柄を右手で持つ。そのとき、できるだけ鯉口の
　ところでそれぞれの手で持ち、手と手の間を開けないようにする。

④ 鞘から抜いたら左手で、刀の柄の先端を、力を入れて握る。

⑤ 刀を少し斜め前に傾けて、その握った手の甲を右手で強く叩く。そうすると刀身が柄
　から少しずつ抜けるようになる。

⑥ 鎺の下の茎（握る部分、柄に入るところ）が見えるようになったら、その茎を右手
　で持って、左手で柄を抜き、そのまま右手で刀の茎を持つ。そして鎺を抜き取る。

⑦ 刀を左手に持ち替えて、ネルの布にティッシュペーパーを2枚くらい挟んだ拭い紙を
　右手で持つ。慣れたならばネルの布を使う必要はない。

⑧ 紙の持ち方は、親指と折り曲げた人差指の間にティッシュペーパーを深く握るように
　して持つ。

⑨ 刀身の棟（峯）の元から先へと、一方方向に刀身に付いている油を拭き取る。メガネ
　のクモリを取るくらいの力加減が最適である。そのとき鎺元から切先まで一気に拭うの
　ではなく、20センチくらいずつ切先方向へ延ばしていくようにする。これは刀身に鞘
　のゴミなどが付着していた場合、一気に拭うとヒケを付けてしまうからである。

⑩ 3回くらい繰り返して、おおよその油をとる。布に挟んだティッシュペーパーは油が
　多く付いたときは新しいものに換える。

⑪ 次に極細繊維の布でレンズを拭くような力具合で残りの油を拭い取る。これによって
　油は取れた状態となる。展示予定が無く、そのまま収納する場合は、次の打粉を打つこ
　とは省いて⑱の油ひきに進めばよい。

⑫ 左手で刀を持ち、打粉を右手に持って、刀身全体に表裏とも軽く叩き、ベビーパウダー
　を打ったような状態にする。

⑬ それを⑦とは別に用意したティッシュペーパーで、油を取るのと同じ要領で元から先
　へと付いた粉を拭き取る。このときも鎺元から切先まで一気に拭うのではなく、20セ

ンチくらいずつ切先方向へ延ばしていくようにする。とくに打粉を拭うときは、ヒケが
つきやすいので注意をしなければならない。

⑭　打粉は2～3回くらい繰り返し、完全に油を取ることが肝心である。

⑮　これで、展示が出来る状態になり、刀身を刀掛に掛ける。刀身は左手で茎を持ち、右
手にネルの布を持って刀身の物打あたりの棟をネル布に置くように持つと安定し、展示
しやすい。

⑯　展示が終了し、撤収するときは、まず穂先を水でばらして完全に乾かした筆で、刀身
の埃を掃いて除去する。

⑰　軽く打粉を打って、⑬と同じように打粉を拭う。

⑱　脱脂綿に油を軽く付けておいて、それを元から先へとうっすらと油を塗る。その場合、
元から切先まで一気に塗り、全面叢の無いように心がける。油は皮膜を作るような感覚
で、油が垂れないような状態にする。手に油が少しつくが、それを茎にこすっておくと
茎にも油が付き、赤錆が生じない。

⑲　抜き取っていた鎺を茎に元通りに入れて、左手で白鞘の柄を持ち、右手で持った刀の
茎を柄に挿し込む。

⑳　最後まで入れたならば、左手に持ち替えて、柄の先端部分を持ち、刀を垂直に立て、
右手で柄の尻を下から軽く叩く。そうすると白鞘の柄の中に刀身が完全に納まる。これ
をしないと目釘の位置がずれて目釘が入らない。

㉑　目釘をしっかりと入れる。そして、刃を上にして、鞘口に切先を乗せるような感じで
置いて、背を滑らすようにして刀身を鞘に収める。

　これが、刀剣の基本的な取扱い方である。最初から一人で行うことは難しいので、はじ
めは手入れのできる学芸員や愛好家、研師が手入れをしているのを見て教えてもらうのが
よいであろう。

刀剣の手入れ

①目釘をはずす。目釘は下に落ちないように左手で目釘の下側をおさえる。

②刀袋から柄を出し、鞘に折りたたんで紐で結ぶ。

③刀を抜く。左手で鞘口の近くを握り、右手の親指と人差指を鞘の側面近くに当てて、その2本の指で鞘を押し出すようにして刀身を抜き出す。

④刃を上にして、刀をすべらすように鞘からゆっくりと抜く。切先が見えたら鞘の尻を下に落として、切先を傷つけないようにする。

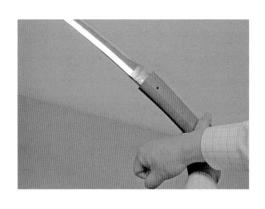

⑤柄から茎を抜く。左手で鞘を強く持つのがコツ。力を入れてたたく。

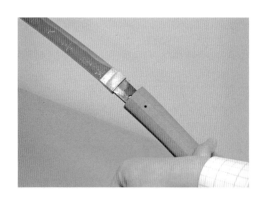

⑥少しずつ茎が出てくる。指2本分の隙間が出たら、鎺下を持つ。

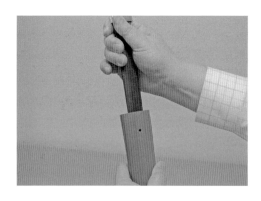

⑦茎を取り出す。

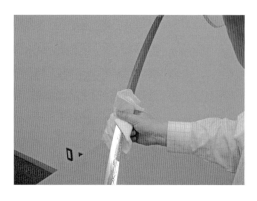

⑧ティッシュペーパーで油を拭き取る。

⑨極細繊維の布で油を拭き取る。

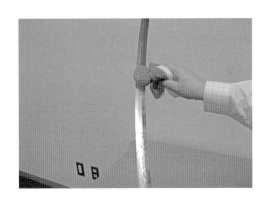

⑩打粉を打つ。

⑪ティッシュペーパーで打粉を拭き取る。

⑫脱脂綿に油をたらして刀身に塗る。ごく薄い油
　皮膜ができる程度。べったり塗ることはしない。

⑬鎺下を持って、茎を柄に入れる。

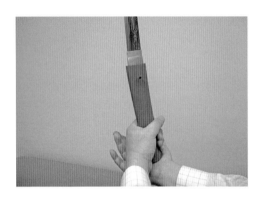

⑭最後に柄の尻を叩くと、茎がしっかりと納まる。
　納まったら、目釘を入れる。

⑮鞘尻を落として、切先を鞘口にのせるようにす
　る。

⑯鞘尻を上げて、刀身の棟を鞘にすべらすように
　入れる。

4 刀剣の展示について

　刀剣の展示は、木製の刀掛に白布を掛け、その上に刀をのせていることがほとんどである。

　刀掛の多くは白鞘と同じ朴（ほう）で作られており、左右に台脚、背に横板を渡して固定し、台脚から延ばした頂部に底を丸くした窪みを作り、そこに刀を沈めるようにしてのせる。

　太刀は一般的に長さが75cmほどで反りが高く、それに対して刀は69cmほどで寸法が短く、反りも浅いのが特徴である。太刀は外装に入れて、腰に吊り下げて着用し、刀は腰の帯に差して使用する。そうした着用法から、刀、短刀、脇指であれば刃を上に、太刀であれば刃を下にして展示する。もちろん刀、脇指、短刀では刀掛の幅は異なる（高さは同じである）。

　太刀と刀では、太刀は角度を寝かせ気味つまり鈍角に置き、刀は立て気味つまり鋭角に置くと、ライティングをしたときに刃文が見えやすい。東京国立博物館では、刀と太刀用の切れ込みを入れたものを2様用意しているが、1種類の場合は窪みの背側に朴でつくった木片を置いて角度を調整している。

　また、最近はアクリル製の刀掛を使用して、白布を掛けない博物館がある。国内では九州国立博物館、海外ではアメリカのメトロポリタン美術館やボストン美術館で、窪みには薄いシリコンや無機質系の繊維を両面テープで留め、その繊維の上に刀を掛けている。これはアクリルによって刃先が欠けるのを防ぐためであることは言うまでもない。

　どちらを使用することも問題はないが、日本は地震多発国であることを考えると木製の方が万が一地震で刀が落下したときに、刀身を傷つけるリスクは少ない。アクリルの方が強く、刀の表面にアクリルの角が当たると大きな傷をつけてしまう可能性が高い。東京国立博物館でもアクリルを考えたこともあったが、現在は槍を立てて展示するときの槍立以外は、すべて木製刀掛を使用している。

　刀掛の材質の朴は十分に乾いた木を使うことが肝要であり、発注するときも木工業者に伝えておく。また、白布は必ず絹の羽二重のやや厚手を用いる。やや厚手としたのは裏の木製刀掛が透けて見えないことと、刀をのせる窪みに刃が木に強く当たらないようにするためである。

　朴を使用した場合は、アクリルのように下に無機質系の繊維を置く必要はない。これまで絹の白布で窪みに接した部分に錆が生じたことはない。しかし、絹以外、例えば木綿を使うと、必ずといってもいいほど、接した部分に錆が生じる。これは、木綿は湿気を帯びやすく、接した部分がその湿気によって錆びたのである。絶対に木綿は使用してはならない。

　刀掛の左右は、脚と刀を受ける柱を一体とした縦板を立てるが、これだと転倒しやすいとして、展示台に長方形の板の上に受ける縦板を立てて、底で全面展示台と接するようし

た刀掛がある。また、転倒防止用の木製で表面にフエルトを貼った脚カバーを被せている工夫をしている博物館もある（下の写真参照）。この刀掛は今後使用していくべきであろう。

　次に白布の掛け方について図解する。朴製の刀掛に白布を掛けて展示する手法は恐らく戦後から行われたもので、戦前の展示風景写真や目録などにも見られない。白布が皺になったり、たるんでいたりすると美的にも見苦しいので、伸ばして白布を掛けるように心がけるべきである。

耐震設計の刀掛

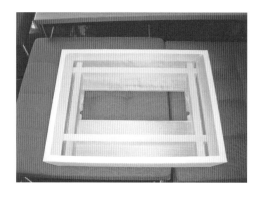

刀剣展示

①朴^{ほう}の刀掛

②白布を左右均等に掛ける。

③前を15cmくらい出して布を折りたたむ。

④左右を折りたたむ。

⑤隅を指で押さえてたるんだ布を伸ばす。

⑥完成した白布掛け（斜めから見たところ）。

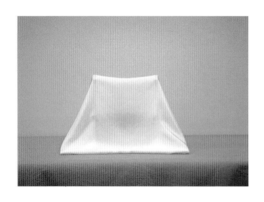

⑦完成した白布掛け（正面から見たところ）。

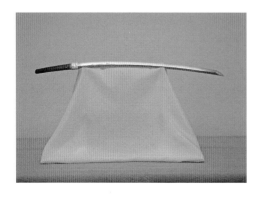

⑧刀をのせたところ（鎺から3cm〜5cm上にかけるとバランスがよく、刀が美しく見える）。

7 額装作品

相澤　邦彦

1 基本的な留意事項

(1) 額縁と額装作品

額縁は平面作品に意匠的な統一感や周辺環境との調和をもたらすと同時に、物理的に作品を守る役割を持つ。今日では油彩画、写真、素描、版画はもちろんのこと、日本画、浮世絵、建築図面、書簡等も額装されることが少なくない（写真1）。なお本稿では主に額装された美術作品について述べるため、「額装作品」の語を用いる。

写真1　さまざまな額縁、油彩画と素描

額装作品は掛物や屏風のようにたたまれず、常に平面であるという形状が開梱包や輸送、展示、保存管理全般をある程度規定している。また額装される作品は大別するとキャンバスや板、紙等の支持体と、油彩、水彩、墨、パステル、鉛筆等の色材によって構成されていることに留意すべきである。

(2) 額装作品の取扱い

一般に油彩画の額縁は木の上に石膏で装飾をかたどり、表面に金箔、金泥などを施したものがよくみられるが、装飾部分は繊細かつ複雑な形状をもつものが多く破損しやすい。このため取り扱う際は極力装飾部分に触れず、装飾土台部分を持つべきである。

額装作品の取扱いに際して、白手袋やニトリル・グローブの着用は、額縁及び作品の形状、状態、構造や総重量を勘案した上で適切に行うべきである。白手袋は指紋の付着を防ぐものの、手から発する汗は繊維を通過する。また繊維が額縁表面の微細な突起、亀裂や浮き上がり部分にかかり剥離や剥落を引き起こすこともある。あるいは作品に重量がある場合や額縁表面が平滑な場合には、非常に滑りやすくなることに注意すべきである。

ニトリル・グローブは指紋や汗の付着を防ぎ、額縁が滑りやすい状況においても摩擦、密着性により十分対応できる。ただし表面にパウダー加工のない製品を選択し、粉の付着や滑りやすくなることを防ぐ必要がある。ニトリル・グローブは装着した際にやや締め付けられるように感じられることに加えて、気密性、防水性が極めて高いために蒸れやすい。このため普段とは手の感覚が変わり、作業の妨げになりうる。これは白手袋の上からニト

リル・グローブを着用する場合も同様である。

　状況に応じて白手袋やニトリル・グローブを着用せず、素手による扱いも可能である。額縁表面が滑りやすく手の汚れや指紋の付着が大きく影響しないとき、付着してもその除去が容易であるとき、ニトリル・グローブによる扱いに不安があるときなどは、素手での扱いのほうが適しているだろう。

（3）　額装作品の「向き」について

　取扱いに際して、作品の「向き」に十分留意しなければならない。作品は基本的に鉛直に保ち、展示室での作品配置や収蔵庫での作品整理などで仮置きする際は、作品を壁に立てかけることが望ましい。ただし壁に立てかけた状態は作品にとって最も不安定であり、地震等で容易に転倒しうることに注意すべきである。

　特に大型のキャンバス作品は極力寝かせた状態にしないことである。これは画面を上にして寝かせた際にキャンバスが木枠中桟に当たり、キャンバスと絵具層が中桟に沿って線状（帯状）に変形する「ストレッチャー・クリース」と呼ばれる損傷の原因となるためである。キャンバスの張り具合が弱ければこれが外枠部分にも発生しうる。絵具層が厚い場合や柔軟性が著しく低い場合は亀裂の原因ともなる（写真2、3）。また大型作品を面下で寝かせた場合は額縁表面への負担も大きく、キャンバスがたわむことでやはり絵具層の亀裂の原因になりうることや、作品表面がクッション材や敷物等に触れてしまう可能性もある。

　通常コンディション・チェックは作品の状態を綿密に確認するために、画面を上にして作業台の上に一時的に寝かせて行うが、大型作品は寝かせることの危険性に加えて画面中央部分に目が届きにくいこともあり、壁に立てかけた状態で行うことが望ましい。開梱包も基本的に作品を寝かせて行うが、ストレッチャー・クリースの予防や支持体の変形、絵具層の亀裂や剥落予防のために立てた状態で行われることもある。ただしこれは決して作

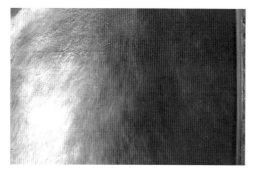

写真2　木枠中桟によるストレッチャー・クリース。写真左上水平方向に、亀裂を伴ったストレッチャー・クリースが発生している。写真右端は額縁右辺

写真3　木枠外枠によるストレッチャー・クリース。写真中央上下方向に、亀裂を伴ったストレッチャー・クリースが発生している。写真右端は額縁右辺

業が容易ではないこと、接地状態が安定しないこと、箱の構造や強度が作品を立てた状態で梱包することに対応している必要があることなどに留意すべきである。

　作品の上下を逆にすることも避けるべきである。展示、保管、輸送を通じて作品がほぼ恒久的に正位置で保たれているなかで、重力によってキャンバスにはしわやたわみ、たるみが生じるが、上下を逆向きにすることはこれらに変化を与えうる。キャンバス作品だけでなく、板絵等も額装が万全でなければ作品が額内部で動き、額縁と接する部分で作品画面に擦れや傷が起こりうる。また画面の位置が変わり、額縁と作品の間に隙間が生じることもある。

(4)　作品の仮置きと持ち方

　コンディション・チェックのための平置きや、作品配置や整理等のための一時的な立てかけなど、作品を仮置きする際はビスや釘、金具、道具など、作品や額縁の接する箇所に傷や破損を与えうるものが無いことを確認すべきである。またクッション材、敷物等による接地面の保護と振動軽減も必要である。壁に立てかける際は壁面にもクッション材を当てることが望ましい。これは作品だけでなく、壁面の擦れ、汚れ、傷の予防にも有効といえる。

　額縁は基本的に四辺が各角で接合されているため、上辺だけを持つと額縁自体の緩みや脱落の恐れがあり、大型作品は特に注意が必要となる。必ず左右両辺を持つか、下辺を支えつつ左右どちらかに手を添えるべきである。このとき2人以上で対応し、急な加速や停止も作品に負荷をかけるため力の入れ方や動きは均等に、スムーズに動かすことが望ましい。軽量であれば緩みや脱落は起こりにくいものの、やはり左右両辺もしくはそのどちらかと下辺を持って必ず両手で扱うべきである。

　通常、額縁裏面に展示金具（展示用金具）が設置されている。適切に選択され、取り付けられた展示金具は作品総重量を受ける強度があるため、額縁が形状的に持ちにくく力が入りにくいような状況で、かつ展示金具が持ちやすい形状であればこれを持つことも可能である。

　作品を運ぶ際は絵画用台車を用いるにせよ手で運ぶにせよ十分に動線を確認し、できれば運び手以外の人員によって先導されることが望ましい。

　額装作品裏面は保存に適した素材で覆われているべきだが（写真4）、露出してい

写真4　油彩画額縁裏面の一例。作品裏面の保護、額内における作品の固定、可変式展示用金具の設置が見られる。

ることも少なくない。この場合裏面には決して触れないことである。特にキャンバス作品は、触れた際のわずかな圧力でさえキャンバスの変形、絵具層の変形や亀裂を生じうる。また額内部で作品が動いてしまうことを防ぐため、木枠部分にも手をかけずあくまで額縁を持つべきである。

（5）　額装作品（紙）の取扱い

　前項では主に額装された油彩画について述べたが、紙作品はほとんどの場合その厚みが1mm以下のため、一般に紙作品の額縁は薄く、軽く、小型のものが多い。

　額装された紙作品を扱う場合もその「向き」に注意すべきである。額内部での作品固定が不十分であれば、画面を下向きにすることや作品上下を逆にした際に外れる恐れがある。このため額装されている紙作品は作業的にやむを得ない場合を除いて、開梱包時は画面を常に上向きにすること、取扱い時は作品上下を逆にしないことを前提とすべきである。

　大きく薄い額縁を扱う際はねじれ方向に力が加わることも避けなければならない。これは額縁及び作品に負荷がかかること、また画面保護にガラス板が施されていれば亀裂や割れにつながるためである。

（6）　額縁のない平面作品の取扱い

　現代美術作品を中心に額縁のない平面作品がある。これらは大画面であることが多いが、今日その数は決して少なくないといえるだろう。写真作品も最近の印刷技術の進歩に伴い大型作品が増えていることに加えて、アルミニウムやアクリル等の板状の素材に写真裏面全体を接着し、額装も画面保護も無い状態での展示が多くみられる（写真5）。これら額装のない作品は、白手袋、ニトリル・グローブ、素手のいずれにおいても画面に触れないことである。

写真5　額装された写真作品（右）と額装されていない写真作品（中央2点）、額装されていない平面作品（左）
（写真提供：森美術館）

　また額装のないキャンバス作品は作品側面も着彩されていることがあり、画面同様注意すべきである。この場合は木枠中桟を持つことも可能だが、裏面が露出している大型作品は、画面だけでなく裏面からも空気の圧力を受けて、わずかな動作でもキャンバスが揺れてしまう。この点を留意して慎重に扱うべきだが、作品裏面を板状の素材で塞ぐことにより圧力を抑制し、キャンバスの揺れを軽減することが可能である。同様に額装されている大型平面作品についても、裏板を設置することでキャンバスの揺れを軽減で

きる。

　額装のない写真作品を取り扱う際は、展示金具を持ちつつ作品側面に手を添えることができる。写真表面がコーティングシートやアクリル板で保護されていれば、軽度の指紋や汚れについては除去できるが、これら保護材は写真表面に直接接着されているため交換が不可能であることに留意すべきだろう。

② 梱包・開梱、輸送

(1) 梱包時における画面保護のアクリル、ガラスについて

　額装作品の梱包に際して、まず確認すべきことは画面保護のアクリル板やガラス板の有無である。輸送時の振動や衝撃に対して、アクリル板は柔軟性があり割れにくい素材といえるが、ガラス板は亀裂や割れの予防処置として表面に保護テープを張る必要がある。ただし低反射加工が施されている場合は、テーピングによって加工面が剥がれる恐れもあることに注意すべきである。なお合わせガラス（二重ガラス）は亀裂や割れが起こりにくく、中間層の樹脂分が飛散を防ぐため保護テープは不要である。

　アクリル、ガラスを見分ける手段としては、軽く表面を指で押すとガラスはほとんど動きが無い一方アクリルはたわみが生じる。表面を爪の先で軽くたたくとガラスは金属音に近い固い音がするが、アクリル板は柔らかい音になる。また表面温度の違いとしてガラスは冷たいが、アクリル板はガラスほどの冷たさがない。同じ大きさ、厚みであればアクリルよりもガラスの方が重い。

　低反射加工のあるアクリル、ガラスはいずれにおいても照明等の映り込みが青や紫、緑のような色味になる一方、低反射加工のない場合はそのような色味の変化がほとんど起こらない。

(2) 梱包・開梱時の作品の向き

　梱包においても作品の向きが重要である。一般に、キャンバス及び板状の支持体が用いられている場合は、画面保護のアクリル板やガラス板の有無を問わず、梱包材や工具、展示金具、ビスや釘、筆記具、汗等の万一の接触や落下から、作品（画面）及び額縁（表面）を保護するために画面を伏せて梱包することで（面下梱包）、梱包作業全般を安全かつ効率よく進められるといえる。また、一時的とはいえ画面を上にして寝かせることで、ストレッチャー・クリース等の恐れがある場合も面下梱包が有効だろう。

　ただし画面側の額縁表面の状態等に問題がある場合、また面下にすることで支持体にたわみが生じ、作品表面が画面保護のアクリル板やガラス板の内側に接触する恐れや、支持体の変形、絵具の剥落の恐れがある場合などは面上梱包を検討すべきである。既述のとおり紙作品は脱落予防のため面上梱包が基本となるが、額装及び作品固定に問題が無ければ面下梱包も可能である。後述する「トラベル・フレーム（トラベリング・フレーム、トラ

ンジット・フレーム）」を用いて平置きで梱包する場合は、その構造上必然的に面上梱包となる。

　作品の保存状態や構造によっては、既述のとおり作品を一時的であれ寝かせずに、正位置で直立させたまま開梱包されるべきものもある。この場合は直立させた状態で開梱包が可能となる形状と構造及び自立性を備えた箱が必要となる。

　一連の梱包作業において、画面及び上下の向きを明確にしておくことも重要である。仮に画面や上下の向きが分からなくなると、輸送、開梱時に損傷が生じうる。

（3）　梱包・開梱（陸送）

　額縁表面が比較的平滑で、亀裂、剥離、浮き上がり等もみられない場合は額装作品全体を梱包することが可能である。まず薄葉紙で包み、必要に応じて粘着力の弱いテープで留める。このとき額縁や作品にテープが付着しないよう注意する。薄葉紙は非常に薄く遮蔽性が無いため、テープの粘着（接着剤）が影響しないよう、折り込み部分や層が重なっている箇所で留める等の工夫が必要となる。

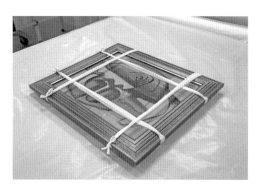

写真6　額装作品を紐状にした薄葉紙で結んだ状態。写真は額縁に画面保護のガラス板やアクリル板が無い例。この方法により薄葉紙の画面接触を防ぐことができる。

　薄葉紙による梱包に際して、画面保護のアクリル板やガラス板が無く、特に作品の絵肌が繊細な場合やニス層が厚い場合、またアクリル絵具が厚く塗られている場合などでは、接触により作品画面に損傷や薄葉紙の付着が起こりうる。このとき柔らかい平紐や、薄葉紙を紐状にしたもので額縁を一周させて何本か結び、その上から包むことで接触を防げる（写真6）。

　次に茶紙（クラフト紙）での梱包である。茶紙はやや厚手で固すぎない紙質のものが望ましい。薄葉紙の上から茶紙で包むことで梱包状態が安定し、扱いが容易になると同時に、紙質が丈夫なため一定の作品保護の役割も果たす。茶紙での梱包は額装作品を締めすぎず、かつ緩みやたるみのない状態がよい。またここで使用するテープも粘着力の強すぎないものが望ましい。ただし茶紙による梱包は、作品によって省略することもある。

　次に、「エアーキャップ®・シート」等の気泡緩衝材もしくは絵画用プラスティック・シートでの梱包である。大きな違いはクッション性の有無や生地の強度の差にあるといえるが、いずれを用いるかは状況に応じ、適切に選択すべきである。ここでも締めすぎず、緩みのない状態で梱包することが望ましい。どちらの素材も表面が平滑で浸透性、通過性が低いため、接着力が強く破れにくいテープを使用すべきである。必要に応じて目張りを行い、

気密性や防水性を確保することも可能である。

　次は「箱」による梱包である。陸送では作品及び額縁の状態、額装方法に問題が無ければ、基本的に段ボールによる「箱」で対応できる。ただし段ボールには十分な厚みがあること、また必要に応じて二重、三重にすることで十分な強度の確保を行うべきである。

写真7　薄葉紙、茶紙、「エアーキャップ®・シート」、段ボールによる箱で梱包した状態

　箱は下箱に上蓋をかぶせる形状が基本となる。内寸は梱包された額装作品が十分収まり、かつ大きすぎないように確保する。箱内部には必要に応じて額縁と触れる箇所に緩衝材を設置することも効果がある。また段ボールの規則的な「筋」の向きにも留意すべきである。段ボールを重ねる際は、この筋の向きを変えることによって強度を上げることが可能である。また箱の補強及び接合には強力なテープを使用すべきであ

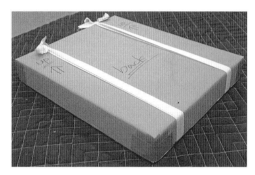

写真8　梱包後、平紐で結んだ状態。箱には作品の上下や画面の向きが記載されている。

る（写真7）。作品を納めたのち、箱の上下方向に平紐2本をしっかりと結ぶことで梱包がより万全となり、扱う際の「持ち手」ともなりうる（写真8）。

　十分な気密性、防水性を求める場合は箱の上から「エアーキャップ®・シート」等の気泡緩衝材又は絵画用プラスティック・シートで目張りをし、その上から平紐を結ぶべきである。

　以上の手順については、第1章の**3**(3)も参照願いたい。

（4）「トライウォール®」箱

　大型作品や重量のある作品、あるいはその作品の保存状態や技法構造上の特性のために上記の板段ボール箱による輸送に不安がある場合は、その代替として「トライウォール®」とランバーコアや集成材を組み合わせて作成する「トライウォール®」箱の使用が有効といえる（写真9）。

　箱の構造として、作品画面側及び裏面側は「トライ

写真9　「トライウォール®」箱の一例。この箱の場合自立が可能である。

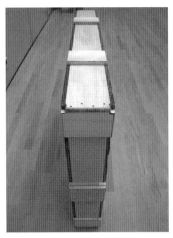

写真10 「トライウォール®」箱
側面（写真9の箱と同一）

写真11 「トライウォール®」箱内部（写真9、
10の箱と同一）。黒い部分はウレタンフォー
ムによる緩衝材

写真12 トラベル・フレーム。内部長辺に2か
所、作品固定用のボルトがある。トラベル・
フレームの下に見えるのは絵画用プラス
ティック・シート。梱包後、全体を包み目張
りする。内部の白い紙はガス吸着シート

ウォール®」を用い、作品の各側面に相当する箇所はランバーコアや集成材を用いる。「トライウォール®」は木材側面にビス留めする。この構造のため箱側面の木材部分に持ち手を設置することも可能となり、特に大型の箱では各角部分に補強材を追加することも可能である（写真10）。

　木材と「トライウォール®」を用いるため箱自体の強度及び気密性も向上する。また板段ボール箱では自立させることが難しいが、「トライウォール®」箱は一定の厚みがあれば安定性も向上し、自立も可能である。

　必要に応じて内装材に「エサフォーム®」、ウレタンなどの緩衝材や防水シートなどを施すことで、作品に対してより安全性を高めることも可能である（写真11）。「トライウォール®」箱を用いる場合も、作品は板段ボール箱による梱包と同様に、基本的に薄葉紙、茶紙、「エアーキャップ®・シート」等の気泡緩衝材又は絵画用プラスティック・シート等を用いて梱包する。

(5) トラベル・フレーム

　板段ボール箱や「トライウォール®」箱による梱包では額縁や作品に損傷を与えうる場合は、額縁裏面の強度がある箇所で左右各辺に2箇所以上、必要に応じて上下各辺にも2箇所以上、可変式のT字型金具や通常のT字型金具をビス留めし、その金具で箱内に固定する方法が効果的である。そのためには作品固定のための強度を十分に備えた、箱型の木枠ともいえる「トラベル・フレーム（トラベリング・フレーム、トランジット・フレーム）」を用意する必要がある（写真12）。

　このトラベル・フレームに面上状態で作品を入れ、金具をボルト又はビスで固定す

る。その上で全体を「エアーキャップ®・シート」等の気泡緩衝材もしくは絵画用プラスティック・シートで梱包することや、さらに段ボールで梱包し、目張りを行うことも可能である。

　トラベル・フレームの使用によって、額縁表面や露出した作品画面に何も接触しない環境を作ることができる。このため額装のない平面作品や、作品画面と額縁表面に十分な高低差がなく、梱包材の画面への接触が避けられない場合でも最適な梱包方法といえる。またストレッチャー・クリースの予防として、立てたままの開梱包も比較的容易となる。

　なお、ボルトで作品を完全に固定するトラベル・フレームの構造では、緩衝材等による振動軽減が難しい。振動軽減のためにはトラベル・フレームの外箱として予め内部に緩衝材を施した板段ボール箱もしくは「トライウォール®」箱を用意し、その中にトラベル・フレームを収める仕様とする必要がある。

(6)　梱包・開梱（空輸）

　空輸に際しては、一般に他の美術品同様木箱で梱包する（写真13）。木箱作成にあたり内側には防水シート、必要に応じて断熱シートを張ることが必須となる。また板の厚みは15mm以上あることが望ましい。接合部分は強度が低く負荷もかかりやすいため、補強材を加えることが必要となる。なお開梱包時において木箱を寝かせた際に接地面に手を入れられるよう、補強材を設置する位置に留意すべきである。作品及び木箱の総重量があれば「持ち手」を加えることも重要である。

写真13　空輸用木箱。写真は寝かせた状態で、矢印方向が上辺となる。厚さ20mmの木板を使用し、各所に補強材が施されている。補強材の位置は木箱を寝かせ、立てる際の持ち手部分を考慮している。表面はニスが塗装されている。

　木箱内の緩衝材は作品周辺において少なくとも100mmの厚みを取ることが望ましい。このとき固い素材と柔らかい素材を組み合わせ、固い素材を外側に、柔らかい素材を作品に接するように施すことも効果的といえる（写真14）。十分な緩衝材は、急激な温湿度変化に対して作品を守る機能も果たす。より安全に、安定した状態での輸送を求める際は緩衝材を100mmより厚く、板の厚みも15mm以上にすることで効果

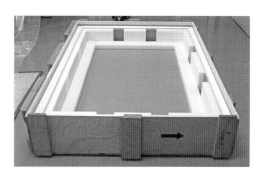

写真14　木箱内部。矢印方向が上辺。2種類の緩衝剤が用いられている。

を高めることができるだろう。

　トラベル・フレームはその状態で木箱に収めることが可能である（写真15）。木箱の状態からさらに木箱で梱包する「二重梱包（二重箱）」の方法もある。ただし二重梱包は安全性を高めるために有効な手段といえる一方、総重量は一層重くなり、サイズも大きくなり、制作経費や輸送経費も高額となる。

写真15　トラベル・フレームを木箱で梱包した例。作品にガラス保護のテープが張られている。

　木箱表面全体をニスがけすること、又は各色に塗装することも有効である。これにより表面の強度が上がると同時に、温湿度変化の抑制や防水効果も期待できる。あらかじめ指定した色に塗装することにより、空港や会場等で木箱が混在している際にいち早く探し出すことも可能となる。このとき暗色よりも明色で塗装する方が判別しやすく、また美術館内の照明が暗く狭い場所を通す際や、陸送用車両への積載及び荷卸し時なども木箱の大きさや先端部分を視認しやすくなることから、壁や天井等への接触や衝突予防にも寄与しうると考える。

（7）　輸送時における作品の向き

　輸送の際も作品の向きに注意すべきである。天地方向はもちろん、画面の方向も重要となる。仮に画面もしくは裏面を車両や飛行機の進行方向に向けた場合、加速や減速時に画面に負荷がかかる。このため輸送時は、作品側面を進行方向に向けるべきである（写真16）。

　ただし額装された紙作品の場合、作品を立てたままの輸送では振動や衝撃により作品固定箇所に負荷がかかり、額内で作品が落下することもあるため面上の状態で寝かせたまま輸送する方法もある。これは固定方法への対応としてだけでなく、パステル画など色材が定着しにくい作品についても検討しうる。

写真16　大型平面作品用木箱（5箱）を車両に積載した状態。車両進行方向は写真奥側となる。木箱はそれぞれ白に塗装されており、立てたままの開梱包が可能な構造である。また各作品はトラベル・フレームを用いて梱包されており、全て木箱は二重構造となっている。

（8） タトウの使用について

　日本では一つの慣習として額装平面作品を「黄袋」に入れ、さらに「タトウ（タトウ箱、畳箱）」に入れて保管し、陸送のみであればこの状態で輸送することも多い（写真17）。タトウはその構造上寝かせた状態で作品を収納することが容易ではなく、特に大型作品は極めて不安定な状態となるため使用を避けるべきといえる。また画面保護のアクリル板やガラス板が備わっていない場合も、黄袋が作品画面に接触してしまうため使用を避けるべきである。し

写真 17　額装及びマット装された水彩画とタトウ、黄袋。右上の箱がタトウ、箱の上に置かれているのが黄袋

かし、画面保護のある小型の額装作品においてその利便性は高いだろう。

　作品を黄袋に収納する際は額縁表面の塗料が剥落しうるため、額縁の角を黄袋内側に強く擦らないよう注意すべきである。黄袋に入れた作品をタトウに収める際は、タトウ開口部の留め金部分を額縁裏面側とする。これにより留め金部分による額縁やアクリル板等への損傷を防ぐと同時に、収納した作品の向きが統一され扱いやすくなる。タトウ開口部は通常短辺にあるため、特に横に長い作品は保管時及び輸送時の上下の向きに注意すべきである。

　陸送の際はタトウの上から「エアーキャップ®・シート」等の気泡緩衝材や絵画用プラスティック・シートで目張りを行うことも可能である。タトウ内部においてはある程度黄袋が緩衝材となるが、それでも余裕があり作品が動きやすい場合は黄袋の上から「エアーキャップ®・シート」等の気泡緩衝材で梱包することや、緩衝材を詰めることなどで対応できる。空輸の際は緩衝材等で作品が固定されており、作品の向きも考慮したうえであれば、タトウに収めた状態で木箱に梱包することも可能といえる。

3 展　　示

（1）　展示上の留意点

　額装作品の多くは壁面に掛けられた状態で展示、鑑賞されることが前提となるため、一定の高さで壁に掛けるかワイヤーで吊るす展示が基本となる。

　これはわずかに壁が支えとなるもののほぼ宙吊りの状態といえるため、額縁の構造、額装方法だけでなく、展示金具及びビス、ワイヤー、壁あるいは天井の構造や強度が、ときに60キロにも70キロにもなる作品総重量や地震に耐えられることが必須となる。ただし地震の際はワイヤーによる展示では揺れに応じて作品が動きやすく、最悪の場合ワイヤーが切れることもあるため、壁に直接作品を掛ける方が安定するといえるだろう。

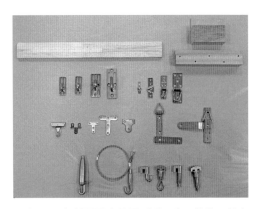

写真18　各種展示金具及び受け木、独鈷。最上
　　　段右上は木枠に掛けるための受け木。その下
　　　の横に長い木材2点は独鈷。2段目右側は額
　　　縁側の展示金具、左側は壁用展示金具。壁用
　　　金具には盗難防止用の金具も設置できる。3
　　　段目右2点は可変式金具、左は各種T字金具。
　　　左端はエックス・フック。最下段はワイヤー
　　　とその吊元、及びワイヤー用各種フック

　まず作品の大きさ、総重量に見合った展示金具を選択しなければならない（写真18）。金属の種類でいえば真鍮よりも鉄鋼、鉄鋼よりもステンレス・スチールの強度が高い。また額縁の構造にもよるが、横に長い「独鈷」型の受け木を使用することでより広い面で重量を支える方法もある。特に重量のある作品の展示に際しては、状況に応じて作品下辺で重量を受ける金具や土台を設ける必要がある。額装のないキャンバス作品で裏面が露出している場合は、木枠上辺に掛けることができる受け木で展示を行うことも可能である。ただしこれはキャンバスと外枠との間に十分隙間がある状態に限られる。

　基本的に小型で厚みのない額装作品あるいは額装のない作品は、T字型金具で壁面に対して隙間なく、平行に展示することが可能である。展示後金具表面の一部が作品各辺より露出するが、壁面と同色の塗料をマスキング・テープ等に塗布し、そのテープを貼ることで対応できる。なお小型の額縁は展示用の紐（額紐）が付けられていることが多い。額紐に十分な強度があり、額縁裏面に十分固定されていればX（エックス）フック等による展示が可能である。

　ピクチャー・レール及びワイヤー・フックを用いる際は、展示金具の強度もさることながらレールの強度やワイヤーの太さ、フックや吊元からワイヤーが脱落しない構造であることが重要となる。ワイヤーの太さに不安があれば、より太く強度のあるワイヤーを使用するか、または展示金具一箇所につき複数のワイヤーを使用することで強度を確保できるものの、特に複数のワイヤーを用いる場合は作品鑑賞に際してワイヤー部分が目につきやすくなることに留意すべきだろう。

　展示作業時も作品左右に1人ずつ、2人以上での作業が望ましく、重量のある作品の場合は下辺又は左右で作品を支える作業員が必須となる。

　特に小型の作品に対して、作品側の展示金具と壁側もしくはワイヤー・フックを結束することや、T字金具で展示する際はセキュリティ・スクリューを用いるなどによって、盗難予防対策としての一定の効果が期待できる。展示金具同士の結束は、地震時における作品脱落の予防としても有効である。

　紙作品は、額内部での固定が不十分で落下の恐れがあれば作品を壁に掛けるのではなく、輸送時と同様に展示台等に寝かせて展示することも検討すべきだろう。これはパステル画

等においても同様である。ただし作品が小ぶりな場合はそれほど支障ないが、ある程度の大きさであれば、寝かせた状態では作品全体を十分に鑑賞することは難しいといえる。

（2）作品の水平調整について

展示完了後、作品位置の水平や左右の傾きを確認する際に水準器が使用されることがある。レーザータイプの水準器の場合、作品に直接レーザーを当てることは極力避けるべきである。

しかし、各種水準器を使用することが、必ずしも作品位置を正しく確認できるものではないと思われる。作品には額縁の微妙な歪みや木枠の歪み、紙の歪みがあり、それぞれが厳密に直角であることは稀といえる。また図像のバランス、色遣い、照明の当たり方などから、数値上は正位置であっても傾いて見えることがある。水準器の使用は誤りではないが、最終的には人の眼で確認し、左右のバランスを判断することが望ましいと考える。

（3）絵画用ラックについて

額装、非額装を問わず、平面作品は収蔵庫内で絵画用ラックに掛けて保管することが一般的である。箱からの出し入れを行わず容易に作品の状態、仕様等を視認でき、常に立てた状態を保てるなどその利便性は高い。ただし床、天井を含めた絵画用ラックの十分な強度、展示金具の強度及びラックへの十分な作品固定が前提となる（写真19）。

写真19　絵画用ラックの一例。各ネット部分は右方向にスライドさせることが可能。

４ 保存管理（額装方法について）

額装作品は基本的に作品と額縁が常に一体であるため、額装状態が十全であることが求められる。本来の額縁や額装に不安があり、展示や開梱包、輸送等に耐えられない場合は一時的に適正な額縁に取り換え、十全な額装を施すことも手段の一つである。

額縁内部においてキャンバス作品や板絵は十分に固定されなければならない。額内部と作品に隙間があれば、作品に影響のない素材で空間を埋めＴ字型金具等で固定する（写真20）。可能であれば木枠等にビス留めすることで固定が十全となる。また額縁内部の作品画面に接する箇所はフェルト等で保護すべきである。

額縁は構造的に可能な限り、アクリルや合わせガラスによる画面保護を備えることが望ましいと考える。これにより汚損の付着、埃の堆積、万が一の接触や衝突に対して一定の予防効果が期待できる。ただしパステル画等に関してはアクリルの帯電性が色材の剥落を

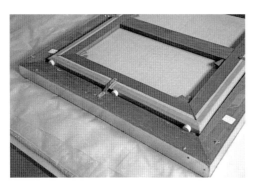

写真20　作品と額縁の隙間をバルサ材で応急的に固定した状態。この作品は裏面が保護されていない。

引き起こしやすいため、ガラスもしくは合わせガラスを用いるか、予め帯電防止処理の施されたアクリルを用いるべきである。

　アクリル、ガラスの汚れは基本的に乾いた柔らかい布、もしくはわずかに精製水を用いて拭き取る。ただしアクリル表面は、柔らかい布で慎重に拭いたとしても傷つきやすいことに注意すべきである。また作品に接する面を拭く際に精製水を用いた場合は、水分を残さないよう注意する。

　なお、アクリル用の帯電防止剤は作品に面する内側に用いるべきではない。低反射加工のある場合は加工面を傷める恐れがあるため、基本的に帯電防止剤、精製水のいずれも使用しない。

　作品裏面も板等で保護し、テープ等で隙間を埋め、額縁内部への埃やゴミ、虫等の侵入を防ぐことが重要となる。既述の通りキャンバスが用いられた大型作品であれば、作品裏面保護はキャンバスの揺れを軽減させることにも効果がある。また大型作品で額縁の強度が低い場合や、額装されていない大型の平面作品はねじれ方向に力が加わりやすくなるが、一定の強度の裏板を適切に設置することでねじれを軽減することが可能である。このように画面と裏面を十全に保護することで、温湿度変化に対しても一定の効果が期待できる（写真21）。

　構造的にこの処置が難しい作品、特に大型の額装作品や額装のない平面作品などは、環境整備等の予防的処置で対応しなければならない。額縁ごと箱型のアクリルで覆ったうえで壁に展示する方法もあり、これは額装のない作品にも適応可能だが、安全性を高める一方で作品の外観が大きく変わることに留意すべきである。

　紙作品は「ベース・マット」に固定され、中央を作品寸（紙寸）又は図像に合わせて切り抜いた「窓マット」を被せて額装する

写真21　輸送、展示に備えての新規額装例。作品（油彩画）は木枠部分で額縁にビス留めし、裏面全体はハニカム構造のポリカーボネート板で保護している。透明の素材を用いることで、木枠やキャンバス裏面の状態をある程度視認できる。額縁上辺は独鈷による展示に対応し、左右には展示金具も設置している。なおこの作品は画面側もアクリル板で保護されている。

ことが一般的である。このベース・マット、窓マットに作品を固定することを「マット装」と呼ぶ。ベース・マットと窓マットの一辺をテープ等で一体化し、見開きにできる形状を「ブック・マット」と呼ぶ。ベース・マットへの固定のみで額装することも少なくない。

固定方法としては四隅を「三角コーナー」で留める方法や、小さな和紙等と水性糊を用いて隅を固定する「ヒンジ留め」が一般的である。他にも作品各辺に一定幅の和紙を数ミリかけて糊付けし、その和紙をベース・マットに固定する「インレイ・マウント」など、作品への影響が少なく十分な固定ができる優れた方法も考案されている。

額縁の材料、マット紙の質によっては作品への悪影響もありうるため、額縁裏板に段ボールやベニヤ板を用いないことや、マット紙やヒンジ留めに用いる素材は無酸タイプのものを使用するなどの配慮が必要となる。なお、マット装を施した紙作品は額装状態のまま保管するのではなく、例外的に額縁から外しマット装の状態で、アーカイバル・ボックス等の無酸性の保存箱に寝かせて収納、保管することが望ましい（写真22）。

写真22　マット装の例。作品は和紙によるインレイ・マウントが施され、ベース・マットに3か所で固定されている。窓マットはベース・マットとテープで張られているため、写真のように見開きの状態になる（ブック・マット）。右上の箱は無酸タイプのアーカイバル・ボックス

用 語 解 説

合わせガラス

　同じ厚みのガラス板2枚にフィルムを挟んで接着することにより、割れにくくすると同時に割れた際の飛散を防ぐ機能をもつガラス。作品画面保護に用いられる。

絵画用台車

　施設内での作品運搬時に、絵画等平面作品を立てた状態で運べる台車。

絵画用ラック

　美術館や博物館の収蔵庫内で、展示時同様梱包せずに直接掛けることで保管可能なラック。

額縁

　絵画等平面作品に装着することで、装飾効果と物理的な保護効果をもたらす縁、枠。単に額ということもある。

額装

　絵画等平面作品または資料に額縁を装着すること。

額紐

　展示用に額縁裏面に施された紐。額装のない平面作品に施されていることもある。

紙作品

　紙の上に描かれた作品。水彩画、素描、パステル画、版画などには紙が用いられていることがほとんどである。

黄袋

　タトウ収納時に作品を直接収める黄色の布袋。

キャンバス

　主に油彩画を描く際の下地となる布。麻もしくは綿が一般的である。

木枠

　キャンバスを張り、一定の張力を保つための木製の枠。

正位置

　作品が直立し、画面の上下が正しい位置。

セキュリティ・スクリュー

　ビス（ねじ）がプラスやマイナスなどの一般的な形状ではなく、盗難やいたずらを予防するための特殊な形状のビス。展示時や輸送用木箱に使われることが多い。

タトウ

　平面作品用の保管箱。個々の額縁や作品の厚み、大きさに合わせて作られ、通常短辺部分が開口部となる。開口部には留め具が備えられている。タトウ箱、畳箱ということもある。

低反射ガラス、アクリル

　表面に特殊なコーティングを施し、反射や映り込みが軽減されたアクリル、ガラス。軽減された反射や映り込みは、青や緑、紫色を帯びるのが特徴である。

展示金具

　額装、非額装を問わず、絵画等平面作品を壁面に展示、固定する際に使用する金具。

「トライウォール®」箱

　平面作品の画面側、裏面側に「トライウォール®」を用い、作品の各側面に相当する箇所にはランバーコアや集成材を用いる陸送用の輸送箱。板段ボールによる輸送箱と比べて強度が上がり温湿度変化の影響も受けにくく、一定の幅があれば自立性にも優れる。

トラベル・フレーム

　額装、非額装を問わず、絵画等平面作品をボルトやビスで固定し、作品表面に何も接触することなく梱包可能な箱型の木枠。トラベリング・フレーム、トランジット・フレームともいう。

平置き

　梱包時等、作品を台や床の上に寝かせた状態。

ヒンジ、ヒンジ留め

　紙作品をマットに固定する際、二つに折った小さな紙と糊や接着剤で固定する方法。

平面作品

　作品形状が平面の作品。額装、非額装を問わず、絵画、写真は平面作品である。

マット、マット装

　紙作品を額装する際、作品を固定するための厚紙をマット、またはマット紙という。マッ

トで固定する方法をマット装という。

面上

作品画面を上に向けて寝かせた状態。面上で梱包することを面上梱包という。

面下

作品画面を下に向けて寝かせた状態。面下で梱包することを面下梱包という。

油彩画

油絵具を用いて描かれた絵画。通常キャンバスもしくは板に描かれる。

8　掛　　　物

名児耶　明

■1 掛物の特色と取扱い上の基本的注意点

（1）　掛物の特色

　古い書画の作品の形態には、さまざまあるが、取扱いの上から特に注意を要するものは、

　①芯を付け、巻いて扱う物　　巻子（巻物）・掛物（軸物・軸・掛軸）

　②折りたたむもの　　　　　　折本・帖仕立（含アルバム状）・屏風

　③一般的な和綴じの本　　　　冊子本

　④制作時の形のままの作品　　本紙そのもの一枚

の４種に分けると学びやすい（額装は第7章、巻子は第9章、冊子本は第13章を参照）。

　以上の書画の作品形態の中で、もっとも取扱い技術の習得を要するのは、①の掛物と巻物である。ともに、表装を施し、作品である部分（本紙）を巻いて棒状にして保管するものである。この形態で保存すると保管場所を節約できる。しかも作品の露出はなく、ほとんどの作品は少なくとも一つの箱に収まり、保管や移動に便利かつ安全でもある。

　こうした作品の形態は、わが国の建物や生活様式など、独自の文化の中で発展をして今日に至ったものである。例えば、近代以前の壁の少ないわが国の建築物は、床の間や欄間近くに偏額を掛けることが出来ても、大きな額装の絵や書を掛ける場所は少ない。そこで、床の間や臨時に襖、障子に掛物として飾り鑑賞し、目的を果たせば巻いて片づけられるように軸状にする。しかし、西欧の建築物には壁が多く、掛けっぱなしにして保管を兼ねたような鑑賞形態とすることが多い。額装の大きさで保管するには、広い場所が必要となるが、掛物の形態は額装ほどの広い場所を必要としない。狭い空間をきわめて合理的に使うことができる。ただし、独自の形態のためそれを巻いたり拡げたり掛けたりする行為が伴うので、傷つけることなく取り扱う方法を学ばなければならない。

　それに対して、②の折りたたむものは、扱い技術は特に難しいわけではない。注意点はあるが、それは折りたたむ形態の相違によって異なる。例えば、経典の多くは、元は巻物である、それを折りたたんでアコーディオン状に改装したものがある。この場合、本紙が折られているので、折り目については慎重な扱いが必要である。また、手鑑などのように帖仕立てになっているものには、大型のものがあり、開閉や移動にあたり、重量に注意が必要である。基本的には折り目に注意して扱う。

　③の冊子本は、通常の本と同じ扱いでよいが、古く脆弱なものについては、それなりの扱いの要領を学ぶ必要がある。

④の制作時の形のまま、あるいはそれに近い形態は、保護のための表装などがないため、触れるときから注意を要する。汚れが付きやすく破れやすい。

こうしてそれぞれに注意が必要であるが、ここではもっとも技術の習得が必要なひとつ、①の掛物の扱いについて取り上げる。

(2)　取扱いの基本

掛物を取り扱うときにもっとも重要なのは、持ち方である。巻物と掛物は、本紙が中に巻き込まれ外からは見えず、安易に握ることが多いが、掛物は、表具の縁を除いて隙間があり、わずかながら本紙が擦れないようになっている。それを握る時は、極端に言えば、中の絵や書を、握るという行為で圧力を加え傷めている可能性がある。特に中が厚めに絵の具などで描かれたものの場合、より大きな損傷がおきる可能性が高いだろう。したがって、巻いた状態だからといって安全だと思いこんで、しっかりと握ることで、かえって傷める行為に関連しているかもしれないと自覚して常に持ち方に注意する必要がある。

掛物は、太さや長さや重量等により持ち方や扱い方に微妙な違いが生ずるのでそれぞれに対応出来る持ち方を、普段から工夫しておく必要がある。いずれにしろ、扱いの基本は、作品を傷めないような行動を、与えられた状況の中でどう行うかである。どうすれば一番安全か、何をしてはいけないかを判断しながら、実施することである。

そして、取扱いの場所は、美術品の貸借時、展示行為、梱包など、作業内容により異なるが、防犯や防災の観点、大きさや重量も考慮して、扱う場所を選ぶことが重要である。美術館や博物館施設はそうした場所が確保されているだろうが、それ以外では、安全に作品を扱える場所であるかを、考えられるあらゆることで確認すること。懸命に梱包してもドアから出せなかったという笑い話が生まれないようにすることである。ともかく、そこで考えられるもっとも安全に扱える場所を確保することである。

② 掛物（軸）の各部名称

掛物に施される表装には、作品の内容により、さまざまな種類があるが、もっとも多くみられ、基本となるのは、幢褙と称する表具である。各部の名称の用語については、地方別の呼び方があるが、ここでは、比較的多く使われる用語を用いた。したがって、ひとつだけを覚えるのではなく、別の書物や参考書類で、各自が確認をしておく必要も付け加えておく。これは、表具の言葉だけではなく、箱の名称や付属の各名称にもいえる（巻末資料1参照）。なお、掛物の呼称については、できる限り、統一して「掛物」とするが、巻き上げた状態の形の時には、形を重視して「軸」と記載するなど、適宜使用する。

3 取扱いの手順

（1）　作品の持ち方の基本

　作品の持ち方は、既述（1 （2）参照）のように基本的には、作品に負担がかからないように下から支えるように持つことである。上からつかむ行為は、つよく掛物を握ることになり、巻かれている内側の本紙の部分を傷めることになりかねない。なんとなく不安に感じるだろうが、巻かれたままの掛物の持ち方の基本も、掌の上にのせておくように持つことであるが、ただし落とす危険が生じたときは落ちない程度に握って落下防止をしなければいけない。基本は、下から安全に持つ方法を心がけるべきで（写真1）、包裂に覆われているものも同じである。一般的には、安全のためにしっかりと持つことが常識である。したがって現状で

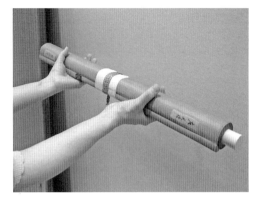

写真 1

は巻いた状態で安心して、掛物の内部を気にせずに持つことが多い。しかし、落下防止対策は必須だが、巻いた状態に圧力をかけるべきではない。握ることなどで、内側に負担がかかり、厚く塗られた絵具等は、このときにもっとも傷められている可能性が高いのである。それを示すように、掛物で最初に傷むのは、巻いた軸の中央部分である。

　したがって、持つときの軸の向きは、八双（表木・上軸）部分を掌側にすると、軸上部のダメージを少なくできる。風帯を有する軸は巻いた状態では、風帯が収まる外側（上巻部分）を持つことが多いため、上巻の部分に段差が生まれやすく、そこに傷みが生じやすい。

　特に太い掛物や重い掛物等は、掛けおろしの際、必ず片手で持つ状況が生まれるが、軸を落とさないためには、軸の中程をしっかりと持つことが多い。そのとき上から持つことになると、重い分だけ、強く握らなければ落としてしまうので、中心部をさらに強く握ることが多い。風帯の収まる部分は折れが付きやすいので、それを避けるために下から八双部を持つように心掛け、強く握る行為を回避すべきである。しかも、軸の中央部は、作品の中心でもあり、重要な場面も多い。

　以上、作品そのものを持つときは、下から支え、掌の上にそっと乗せて置くようにして、何かあるときだけ握るようにする。そして、片手で持つときは必ず中央付近を下から持ってバランスをとること。両手で持つ場合は軸の端の部分を持って作業すること。移動時は握る力に配慮して下から支えるように持つことが基本となる。

　また、箱に入ったままの移動であれば、箱を脇に抱えるように持つのが望ましい。両手で捧げるように持つのは作品を敬って丁寧に扱うようにみえるが、つまずいたり、誰かに

写真2

後ろから押されたり、突然自分の体を支えなければならない事態が起きると、人間はとっさに自分の体を手で支えようとする。そのため、作品は手から離れやすくなる。握る、あるいは抱え込んでいる手はそのまま掴んでいるものを保持しようとする。そのため、移動には、抱えるなど、片方の腕でしっかりとつかみ、片方の手を自由にできるようにしておくことが、ともに安全を維持できる可能性が高い（写真2）。常にそれができる体勢を考えて行動すること。

　箱に付属の紐は、基本的には持たないこと。ただし中箱や外箱から取り出すためにやむを得ず持つことが生じたら、まずはそれを管理する人物や所有者の意見を聞き、それに従うことが肝要である。自分で判断する状況では、よく観察、確認すること。必ず持ち上げても耐えられる紐であるかを事前にチェックすること。

　紐は、一見綺麗に見えても何もされずに放置されたものの場合、劣化している場合があり、持つと同時に切れることがあるからである。紐つきの軸箱を持つときは、箱を下から支えるように持つことに変わりないが、しっかりとしたものであることが確認できたら、紐の部分ももう一方の手で持つとよい。ただし、紐に頼り切らないこと。

　箱ごと風呂敷に包まれている場合は、包まれた風呂敷ごと持つのがよいが、片手で結んだ部分をしっかりつかみ、ほかの手で下から持つべきである（写真2）。前述のように、何かの弾みで転ぶとか衝撃を受けたときに片方の手がどこかをつかんでいれば作品を落とさずに済む。

（2）　箱への出し入れ

　前項の持ち方と同じく、作品は下から支えるようにもって行動することである。ただし、丁寧に扱うという意味も込め、両手で下から支えながら箱に収めようとすると、箱の中には手が入りにくく作品が落ちるような形になる。そこで、掛物の掛緒や鐶（座金・紐鐶）の部分などをつまんで別の手で下から支え（写真3）、箱に軸の片方を収め、下の手をよけてもう一方の一部をつまんだ手でそっと反対側の軸端を箱の

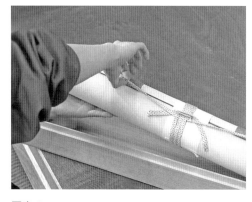

写真3

中に置くとよい。取り出すときは、鐶かその付近をつまんで少し持ち上げ、持ち上がった軸の下にもう一方の手をいれて下からすくうように持ち上げればよい。

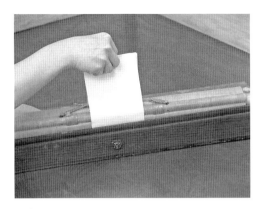

写真4

　あるいは、少し柔らかめで丈夫な幅5・6センチメートルくらいの短冊状の和紙を軸に巻くように箱に収めておくとよい（写真4）。片手で紙をつかんでもう一方で下から支えながら箱に収められるし、取り出しも楽で安全である。また、包裂にくるんであれば、布をつかんで容易に出し入れができる。

　したがって、箱に収めるのは、包裂や短冊状の紙がある場合はその強度を確認の上それらを使って出し入れし、何も無い場合は鐶を上にするとよい。ただし、本来掛物を収めるときは、八双の脇に外題があれば、それを見えるように収める。このとき、鐶がある側が下になり出しにくくなるので、短冊状の和紙は有効である。

（3）　掛物の掛けおろし

　はじめに掛ける場所の確認をして、あらかじめ自在の有無、フックや掛けるための釘（床の間では蛭釘という）の安全性や高さを確認する。自分の手で掛けられる高さの範囲であれば、手を使って掛けるのがもっとも安全である。しかし現在の美術館・博物館では手が届かない場合が多く、ほとんどが矢筈を使用する。あらかじめ、そうした状況を確認し、必要なものを用意しておく（写真5）。

写真5　左から、自在、矢筈、毛ばたき

　床の間での伝統的軸の掛け方などでは、畳の上で上部を拡げ、風帯を拡げておいて掛ける作法があるが、美術館・博物館の展示室では和室のように拡げる場所もなく伝統的な扱い方法が難しいため、ここでは現状の中でもっとも多く見られる現場の状態に即した、もっとも面倒で難しい場面を想定した取扱いにしぼって解説する。基本的に、すべてを自分の手の中で出来ることをめざす。

（4）　巻緒の処理

さて、掛物を展示室や床の間、壁面に掛けるには、巻いた状態で巻緒を解き（写真6）、巻紙（巻どめ・あて紙）がある場合はそれをはずす（写真7）。これらは、すべて自分の掌の上で行う。そのときに注意することは、軸を回しながら解くのではなく、紐を少しずつ解くこと。軸を回すと、上巻の部分が擦れるなど劣化を早めてしまう。解いた巻緒は、掛緒の左右のどちらかに寄せる。寄せないと、掛けた時に見栄えが悪いからである。

その際、右か左かは展示場所により変わる。床の間では床の下手側にするのが常識である。現代では展示室を考慮して、導線の下手、すなわち左回りなら掛緒の向かって左にずらすのが一般的である。このときに掛緒が展示に耐えられる強度があるかを確認しておく。

（5）　掛け方

次に掛ける場所を確認し、その場所で、軸の中程を下から片方の手で支え、もう片方の手で矢筈を持ち、掛緒に矢筈の先を充てて、矢筈を上に伸ばしながら掛物を拡げる。矢筈を掛緒にあてる時、軸を持つ手の指を補助的に使うと容易にできる（写真8）。

掛軸の上部が開いて自在等に掛けられるまで矢筈を伸ばすが（写真9）、できれば本紙

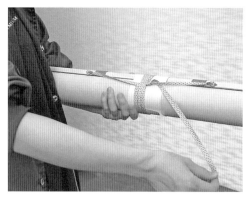

写真6

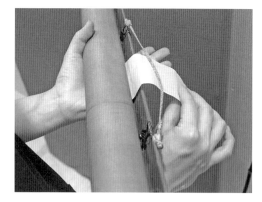

写真7

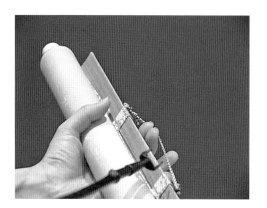

写真8

写真9

が開かないうちに自在等に掛けるのが望ましい。本紙が開かれていない状態であれば、事故が起きても本紙の安全が保たれる。矢筈を持つ手をいっぱいに伸ばし先が自在のフックや蛭釘に届く長さにするが、立ち位置は、無理な姿勢にならないようにすること。爪先立ちのような姿勢は避ける。

　矢筈を使って、掛緒をフックに掛け、確実に掛かっていることを確認し、矢筈をはずす。矢筈は作品の側に倒れてこないように壁にたてかけて置くか、近くの人に託す。

　自由になった手で、軸の端を掴み、もう一方の手で反対側の軸端をつかんでゆっくりと掛物を拡げていく。軸の真中の下を片手で持ち、重さに任せて降ろすのは、巻いてあるとはいえ掛物の中央部に振動を与えるので避けるべきである。両手でおろし、掛物が拡げきったら、適度の高さか、左右の傾きがないかを確認する。手直しがある場合の扱いはここでは省く。

（6）　巻き方

　掛けて直ぐおろす場合はそれほど必要ではないが、長く展示した掛物は、まず毛ばたきを左右に動かしながら、上から下に移動して埃を払う。八双の上部や下の軸は埃が付きやすいところで、直接毛ばたきが触れてもよい。しかし、本紙は軽い埃が付く程度のはずであるから、本紙に損傷を与えないためにも決して直接触れることのないようにし、左右に送った軽い風の力で埃を払う。

　次に矢筈を用意し、手の届く近くに立てておく。あるいは近くの人に持っていてもらう。両手で、軸端を掴み、ゆっくりと巻き上げていく。その時にいわゆる「竹の子状」にならないためには、写真10のように両端の軸端を、親指を上、中指を下にして中指で軸を支えるようにし、人差し指を添えて三本の指で包むように持ち、中指から小指は軽く握った状態にして軸の下側にする。そして親指と中指で軸を回しながら巻き上げる。また、両方の親指を巻かれていく表具の端にあてるようにして、ずれを調節しながら巻くと「竹の子状」にならないで済む（写真11）。

写真10

写真11

作品によっては太巻き（写真12）があるので、あらかじめ用意しておくことを忘れないようにする。

（7）　おろし方

本紙が無事巻上がり、さらに手が届く範囲ぎりぎりまで巻いたら、矢筈を使っておろす。矢筈を使うときは、右手（あるいは左手）で掛物をもったまま、左手（あるいは右手）を外し、写真13のように親指を上に掌を下にして掛物の下を受けるようにして、支える。

この場面の昔からのおろし方にはさまざまあって手の受け方が異なるものがあるが、それは、別に述べる。ここでは、軽い掛物から比較的重い掛物までを扱うにも無理なくできる方法を解説する。

左手で中央を持つとき、垂れ下がっている巻緒の端を左手の小指と薬指の間に挟んで捕まえておく。つぎに矢筈を取り、掛緒に矢筈の先をあててフックや蛭釘からはずす（写真14）。はずしたら、左手は、親指を下にして軸を支えるようにしながら出来るだけ左手を上にあげる（写真15）。そのとき左手はできるだけ体に近いところで上にあげた方が負担

写真 12

写真 13

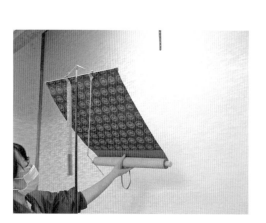

写真 14

写真 15

写真 16

写真 17

写真 18

は少ない。矢筈を持つ右手は表具全体をゆるめずに下にさげていく（写真16）。巻き残してある軸が短かければ左手をあげれば矢筈はすぐに自然にはずれる。はずした矢筈は、そばに置くか、近くの人に渡す。そして、右手はすぐに軸の右端を持ち（写真17）、左手は親指を下にしたまま軸の左端にずらしていく。このとき、決して左手を軸から離さないこと。軽い掛物だと離しても、右端をつかんでいる右手だけで維持できるため、左手を離しがちだが、軸端は軸木に接着しているだけなので右手で軸端を持っているだけの状態は危険である。軸端はいつはずれるかわからないからである。

　両手で軸端を持ち、巻くときと同じように構えるが、巻きはじめとは異なり、親指と中指を手前にずらすようにして軸を手前に廻しながら巻き取る（写真18）。

（8）　風帯のしまい方

　表具を巻き、残り8センチくらいになったら、左手はそのままにして、右手の掌を上向きにして（写真19）、軸を受けるようにしながら中程までずらし（写真20）、片手で持つようにする。次に、軸端から左手をずらし、写真21・22のように、軸の向きを変えて、右手の掌の上にある軸を左手の掌に乗せかえる。この際、親指は巻き取られた軸の外側にあて、何かの折にはつかめるようにしておく。この左手を上向きにするときに、軸に向かって左側の風帯を右手でつかんで（写真22）、巻いた状態の風帯の位置に収める。次に向かって右の垂れ下がった風帯も収める（写真23）。風帯は曲がったりしないように丁寧に収める。このときにいい加減に収めると、開いたときに見栄えの悪い風帯の癖がついてしまう。巻かれたときの収まり具合が掛物を拡げたときの美しさと関連する。

なお、風帯のない掛物はこの動作を省けばよい。そして、風帯の収め方は、向かって左を下にすること。どちらでも保管にあたっての違いはないが、風帯を着物の衿の合わせ方と同じと考えると、日本の伝統で実施されている着物の死装束と同じにならないように配慮するためである。

写真 19

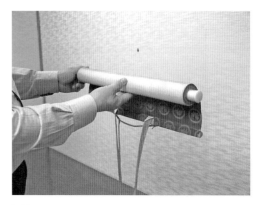

写真 20

写真 21

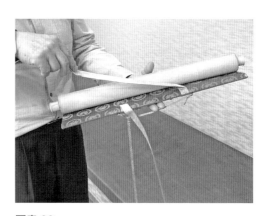

写真 22

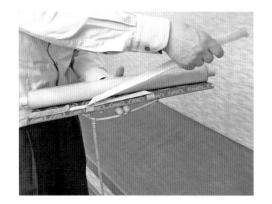

写真 23

(9) 巻緒の処理

　風帯が収まったら、通常は掛物の中央部を保護する役目の短冊状の紙や薄い布を軸の周りに巻き、その上から巻緒を巻く（写真24、25）。巻く紙を巻紙・巻どめ・あて紙などと呼ぶ。また、巻き方にもいくつかの方法が存在するが、一般的な巻き方は、写真25のように一方向にずらしながら巻き（通常は三回ほど）、それを紐先をそのままにして、途中の部分を輪にして掛緒をくぐらせ、さらに反対側の掛緒もくぐらせて、左右に出た紐の長さを均等にして見た目に美しく整える（写真26）。こうしておけば、紐先を引けば、容易にほどける。

　この間の注意点は風帯を収めてから紐を巻くまでの間、軸を強く握り過ぎないようにすること。軸そのものの動きを最小限にする。表具を直すより、傷んだ紙や紐を取り換えるほうが経費が掛からないことはだれでも理解できることだろう。

(10) 箱への収め方

　動作は、**3**(2)で述べた通りである。しかし、箱には軸枕があり、その幅が異なるものがある（写真27）。これは、一本の巻物としてみたとき、八双（表木・上軸）の部分がほ

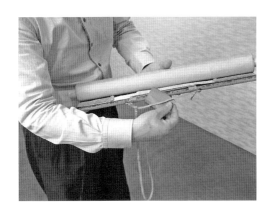

写真24

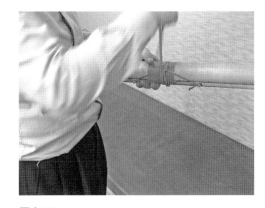

写真25

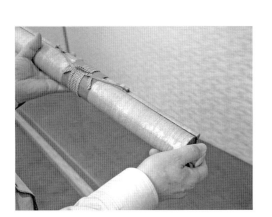

写真26

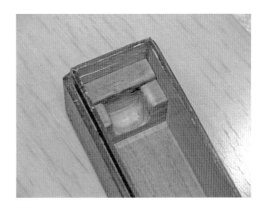

写真27

かより突出しており幅が広い。それをスムースに収めるように配慮されたものである。したがって、軸受け（軸枕）に収めるにあたり、幅をよく見て軸をしまうようにする。また、軸に外題と呼ぶ題箋がある場合には、それを見えるように収めるのが常識であるが（写真28）、そうした入れ方は、鐶や紐が下側になり、軸を出しにくいので、前述のように短冊状の紙を補助的に使用するのがよい。何かに包まれていれば、現代では外題を気にしなくてもかまわないだろう。

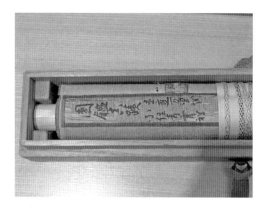

写真28

４ 地方別による取扱いの相違

　掛物のおろし方には、関東と関西、あるいは書画の大きさなどによって扱い方が異なっている。いずれも、安全に取り扱うために工夫されてきた方法で、それぞれによい点があることに間違いはないが、現在の美術館・博物館の展示室、作品の大きさ、内容によっては、そのままの方法が最適とは言いがたくなってきている。そこで、このテキストにもあるように現在の施設に即し工夫されてきた近年の方法を解説しているが、借入先などでは、伝統的方法で扱っている場合も多く、その相手の納得いく方法で扱わなければならないときがある。

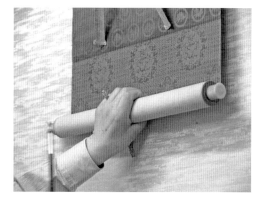

写真29

　そのためにも、いくつかの方法を知って訓練しておくことが必要である。そうすれば、所有者の場所にあわせて、以前からの古い扱いでも安全に対応ができ、相手も納得するはずである。扱う場所によっては、そこでの方法のほうが周りに安心感を与えるとしたら、それも、美術品扱いのコツとして大切である。

　例えば、すでに解説したのと異なるおろし方は、上部まで巻き上がった掛物を、右

写真30

手（あるいは左手）で軸をもったまま、左
手（あるいは右手）を外し写真29のよう
に親指を下にして軸をつかむ。垂れ下がっ
ている巻緒の端を左手（あるいは右手）の
小指と薬指の間に挟んで捕まえておくのは
同じである。次に矢筈を取り、掛緒に矢筈
の先をあててフックや蛭釘からはずす（写
真30）。はずしたら、左手（あるいは右手）
は、親指を下にして巻いてある部分の軸を
握りながらやや自分の体の前方に動かし、

写真31

矢筈を持つ右手は表具全体をゆるめずに前方に下げていく（写真31）。このとき、左手（あ
るいは右手）は、なるべく手首は頭を下げるようにして、持ち上げ、垂れ下がった掛物の
部分が床につかないようにする。和室などでは畳についても汚れることは少ないだろうが、
現在の建物では、長い掛物などは、扱いにくくなるので注意を要する。この方法は、掛物
が小型か、短ければそれほど問題はない。矢筈をはずしたら、右手はすぐに軸の右端を持
ち、左手は軸木を軽く握ったまま左端にずらしていく。そして、軸の両端を両手で動かし
て掛物を巻く。巻き上がったあとの風帯の収め方などは先に述べた通りである。

⑤ 梱　　包（内装）

第1章③（3）（pp8-24）参照。

9 巻 子

松原 茂

⬛1 基本的な留意事項

　巻子は、紙や絹を横に何枚も継いで軸に巻き、一番外側を表紙で覆い、紐で括ったもので、巻子本とも、また巻物ともいう。縦（巾）30 センチ前後のものが多いが、中には 50 センチを超えるもの、逆に経典などでは 4〜5 センチしかない極小のものもある。長さも 1 メートル位から近代の作品だと 40 メートルにもおよぶ長巻まであり、作品ごとにじつにさまざまである。歴史的には、紙や絹のもっとも古い装丁形式であるが、現代の我々には特に取り扱いにくい。一般的にいって、巻子が大きくなればなるほど、長くなればなるほど取扱いはむずかしくなり、熟練を要する。

　巻子の取扱いが難しいのは、掛物のように本紙の周囲や裏が充分に保護されていないことに要因がある。中国式の表装では本紙（ここでは絹の場合も本紙と呼ぶ）の天地（上下）に縁の裂や紙が継いであることが多いが、日本式の場合、ほとんどが本紙の天地はむき出しで、巻き広げたり巻き込んだりするとき、あるいは巻いた状態であってさえも、本紙の天地を傷つける危険性があるのである。また、ほとんどの写経は裏打ちをほどこしていない。絵巻でもまれに本紙のみのものがある。これらは、裏打ちのある巻子に比べて、明らかに強度が低いわけで、取扱いの仕方によっては、本紙に折れや皺を生じさせてしまったり、継目の部分をはがしてしまったりする危険度はより高い（巻末資料 2 参照）。

　本紙の奥の方のダメージが外側からはうかがい知れないことも扱いを困難にしている。本紙の継ぎ目が、一部の糊離れならまだしも、完全に分離した状態であったり、虫損によって、本紙が密着してしまっていたりすることもままある。これを勢いよく広げようとすれば、作品の破損につながることは確実である。

　制作当初、あるいは過去の改装時の本紙の継ぎ方が明らかに曲がっている場合もある。これではきれいに巻ききることは不可能である。こういうときは少しゆるめにそっと巻いておくほかはない。無理やりに端をそろえようとすると本紙に横皺を発生させる原因となる。

　最近の修理では、掛物と同じく、巻いたときと広げたときの本紙の表面の伸縮を最小限に抑えるために、軸に桐の太巻き芯（太巻き）を装着して口径を大きくする処置がとられることが多い。この処置は、本紙の保護のためには好ましいが、長巻の場合は、口径が非常に大きくなって片手でつかむことが困難な状態になることもあり、取扱いに注意を要する。

作品を持って移動するときは、胸前の位置で、必ず下から両手で持つのが基本である（写真1）。

巻子を取り扱う際には、原則として白手袋は使用しない。持つときに滑りやすいことと、繊維が絵具の浮いた部分などにひっかかる危険性があるからである。よく洗って、水分を完全にふき取った素手で扱うほうがより安全である。しかし、作品の所蔵者あるいは管理者の要請があった場合は従

写真1

わなければならない。その場合は、滑らぬよう、作品の表面に触れぬよう、特に注意を払う必要がある。

② 梱包・開梱

　巻子は、巻いてさえしまえば小さく単純な形なので、梱包は特に難しくはない（梱包・開梱の作業の実際は、「掛物」に関する第1章❸(3)を参照のこと）。

・まず、巻子の縦より上下各7～8センチ余裕のある大きさ（巻子の大きさ・太さによって加減する）の薄葉紙で作品を巻く。付属の包裂（つつみぎれ）が丈夫な場合はそれで包んでもよいが、古くなって弱っている場合は、所蔵者に断って、たたんで箱の底に敷く。

・箱の軸受けに軸が正しく乗るように収納し、余った部分の薄葉紙を巻いて軸端の押さえとする。大きく太い巻子の場合は、取り出すときのために、あらかじめ薄葉紙を7～8センチ巾で4重ほどにたたんだ手がかりを入れておく。

・箱と巻子との間隔が大きいときは、揉んだ薄葉紙を緩衝材として詰める。

・二重箱あるいは三重箱の場合は、中の箱が動かぬように、薄葉紙を折ったものを中の箱の上下に回し入れて、取り出すときの手がかりを兼ねる。

・箱を持って移動するときは、片方の脇に抱え、もう片方の手を添えて持つ。

・箱をクラフト紙と防水紙を2枚重ねて包み、養生テープでとめる。外箱に紐がある場合は、結び目を作らずからげておくだけにする、結び目があるとすき間なく包みにくいからである。

・あらかじめ用意した、番号や作品名（太巻き芯がある場合はその旨）を記したラベルを各作品の包み紙に貼る。

・さらに箱を衝撃から護るために「エアーキャップ®」で包むか、段ボールの箱に入れる。一番外側にも同じラベルを貼る。

・複数の作品と段ボール箱に同梱する場合は、他の作品と接触しないように、綿布団を緩衝材として詰める。

・開梱のとき、二重箱あるいは三重箱の複数の箱に包裂がある場合は、どの裂がどの箱の包裂であるか、また、極札や折紙あるいは出品感謝状や題箋などの付属品がどこに入っていたかを、再梱包時に間違えぬよう記録しておく必要がある。所蔵者の許可を得て、デジタルカメラで記録するのもよい。

・空き箱及び再用予定の梱包材料は探しやすく、取り出しやすいように整理して置いておく。

３ 展　　示

(1)　はじめに

　巻子を箱から出す。包んだ裂を持って、あるいは薄葉紙で包んである場合は天地の巻きこんである部分を伸ばし、両手で持って取り出す。作品が裸で入っている場合、紐を持ったり、表紙の天地に手をかけたりすると作品を傷めることがあるので要注意。何重かに折って帯状にした薄葉紙などをあらかじめ手がかりとしてセットしておくとよい。手がかりもなく、しかも箱との間に空間がほとんどないときは、右手（左手）で箱ごと持ち、左手（右手）で蓋をし、そのまま箱を横に静かに回転して、作品を左手（右手）の上に取り出すという方法もあり得る。もちろんそのときは、台あるいは床に接するくらい低い位置で行うこと。万が一落としたときのダメージを最小限にするためである。

　巻子は観覧者が見やすいように傾斜台に展示するのがふつうである。角度は15度くらいが適当と思われる。それ以上にすると、作品が滑り落ちる可能性が出てくるからである。15度でも、傾斜台に滑りやすい紙を貼った場合はずれる恐れがあり、台の下辺に受け桟を取り付ける必要がある。

　長い巻子はケース内に全巻を展示できないことが多い。紐の処理や展示する部分までの巻き取りを、傾斜した不安定な場所で行うのは危険である。展示までの工程は、ケース内の床に紙あるいは布を敷いて行うか、ケースの外に置いた作業台の上でするのが安全である。

(2)　巻子を開く

　紐を解く。このとき巻子は左手（右手）で持って固定し、右手（左手）で紐を一巻きずつ解いていく。巻子自体は回さないようにする。

　はずした紐を輪にして束ねるか、いくつかに折って軽く結ぶかしてまとめる（写真2）。表紙の端に紐を巻きつけることは、表紙を傷めるので絶対にしてはならない。

　ケースの床、作業台など水平の面で、紐を表紙で包むようにして、収納時よりやや小さい径で巻き始める。表紙が弱っているときはもちろん健全なときでも、表紙の縦寸法より1～2センチメートル短く、収納時の径よりやや小さい径の巻き芯に、紐及び表紙を巻きつけていく（写真3）と、手元が安定して巻きやすくかつ安全である。巻き芯はボール紙

写真2

写真3

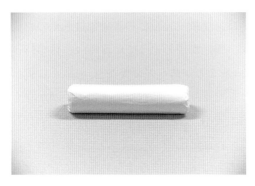

写真4

写真5

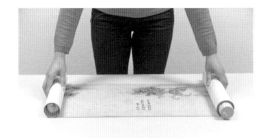

写真6

写真7

の芯に綿を着せ、白絹で包んだ入念なものを使っている施設もあるが、巻段ボール紙（中性紙であればなおよい）を丸め、薄葉紙で包んだだけの芯で充分活用できる（写真4）。

　ここまでの作業は自分の体の正面で行い、巻き始めが安定したら、両手で巻子を体の右前方に移し（写真5）、右手で表紙部分を固定して、巻子を左手で左方向にゆっくりと転がすようにして開く（写真6）。開く巾は、自分の肩巾よりやや広い程度にとどめる。開きすぎると扱いが難しくなり危険度が増すので注意。次に左手を固定して、右手で左方向にゆっくりと巻き込む（写真7）。このとき、巻き戻らないように圧をかけながら、転がすように巻いていく右手の指の力加減がむずかしい。反発力は作品個々に違うので、その

感覚は経験によって体得していくほかはない。

　巻き込んで左に移動した巻子を、両手でふたたび右側に移し（写真8）、先の動作を繰り返す。

　これら一連の動作のなかで、特に気をつけたいことは、巻子を開くときは引っ張りすぎぬよう、巻くときは本紙をたるませぬようにすることである。紙あるいは絹である本紙は、何百年もの経年のためにかなり

写真8

弱っていることが多く、強い力がかかると折れたり破れたりする危険性が高いからである。特に継ぎ目は糊がはがれやすく、また継ぎ目（本紙が2枚重なっている）とそれ以外の部分（本紙は1枚）とでは、強度に差があるため、継ぎ目に沿って折れが生じやすいので注意を要する。

　いかに熟練していても、必ずしもまっすぐに巻き取ることができるとは限らない。それは、前に述べたようにきれいに巻くことが不可能なほど極端にではなくても、どの作品にも微妙に紙継ぎの曲がりがあるからである。手作業である以上避けられない誤差である。自然にきちんと巻ける巻子はなかなかないものと思っていた方がよい。

　そこで、巻子を巻くときにはこまめに修正していくことが大切である。ずれが5ミリに達しないうちに、少し巻き戻して巻きなおせば多くの場合、ずれが是正される。それでもなおらない場合は、手のひらで軽く天地を押さえて修正する。狭い範囲に力を加えると巻子の天地に折れやゆがみを生じるので気をつける。1センチ以上もずれた状態で天地を押して無理に修正しようとしてはいけない。古い巻子に巻物皺とよばれる横皺があるのは、こうした扱いによって生じたものである。面倒でも少し巻き戻してやりなおすのが賢明である。天地がとくに弱っている作品、及び顔料が厚塗りの絵巻などは、天地を押さえて修正する方法もできるだけ避けたい。天地をさらに弱め、絵具の表面を剥落させる危険性があるからである。

（3）　巻子の展示

　展示予定の部分に達したら、巻き込んだ状態で巻子を両手で持ち、展示台の予定の箇所に移動する。大体の高さを決めて、展示部分の始点を出し、巻き取り部分を一人が力を入れすぎぬように両手で押さえ、もう一人が、巻子をゆっくりと転がして終点まで開く。このとき、台が傾斜しているため、重力によって巻子がだんだん下に下がろうとする傾向があるので、片手で巻子の下を受けて下がらないように意識しながら開いてゆくとよい。覗きケースの場合は作品に正対して展示できるからその危険は少ないが、壁付ケースに傾斜

写真 9

写真 10

写真 11

台を入れて展示する場合、台の後ろ側から展示することになり、巻子を台の下に取り落とす危険性があるので、それを防ぐためにも片手を巻子の下に添えることには意味がある。

展示の始点を固定して、一人で巻き広げる行為は避けるべきである。掛算（けさん）などで仮押さえしても、掛算が倒れたり滑り落ちたりする危険性があり、さらに掛算をしっかり固定してしまうと、こんどは本紙に負担がかかる可能性がある。人が手で押さえ、とっさのときに対処できる体勢にしておくことが望ましい。融通が利く状態で高さや水平を調整してから、ガラスの掛算などで押さえる。巻き込んだ部分、また巻末までの未陳の部分が転がらないように、アクリルのピンやL字形などのストッパーを台に打っておく（写真9）。展示したときは静止していても、地震等のわずかな振動で巻いてある部分が転がり落ちることがあり得るからである。掛算が動いて絵具を擦ったりすることがないよう、固定しておく処置も忘れてはならない（写真10）。

巻いた部分が多い場合は、中身が出てこないように、L字形のアクリルや、四角いピンで下を支える必要がある。

巻頭付近を展示する場合、特に表装が新しく表紙が固めのものは、巻き始めの反発力が強く巻き戻ってしまう。こういう場合は、先述の巻き芯にあらかじめ真田紐を通し、上下に5〜6センチメートル出しておいて、それをピンで展示台にとめれば、安全に固定することができる。

巻子によっては、展示したときに天地がはげしく反り返ってしまうことがある。程度によって、適当な間隔をおいて掛算で抑えるか、アクリルのピンで本紙に負担がかからない程度に留める。本紙の丈夫なところ、つまり継ぎ目をとめるのが有効（写真11）。絵の場合、

継ぎ目に重要な図様を描くことを避けている場合が多いのでその点でも好都合である。

（4）撤　収

　展示が終わって撤収する際は、まず、毛叩きで軽く塵を払う。空気中に浮遊していた微細な塵や、作業者の髪の毛、仮設ケースの内側の塗料の破片などが作品の上に落ちている可能性があるからである。知らずに巻き込んでしまうと、付着して取れなくなったり、本紙を傷つけてしまうことになりかねない。掛物に毛叩きをかけるときは、本紙には直接触れぬよう、風だけを送るようにするが、傾斜台に展示した巻子の場合、それだけでは作品の上に落ちている可能性のある塵を完全に取り払うことができないこともある。そのような時は状況によって、カメラレンズ用のブロアーや毛先のやわらかい清浄な筆などを用いて、それらを慎重にとりのぞく。その際、道具で作品を傷めることがないよう、細心の注意を払わなければならないことはいうまでもない。

　塵を払ったら、ピンや掛算をはずし、一人が一方を押さえ、もう一人が反対方向から展示部分を巻く（写真12）。このとき、多少のずれが生じても、傾斜台の上では巻きなおすことはしない。

　いったん水平な場所に移動して展示部分をもう一度丁寧に巻きなおし、さらに巻頭まで巻く。巻頭から巻き込んでいったのと逆の動作を繰り返すことになる。巻き方がゆるすぎてたるみができるのは作品を傷める原因になるが、そうかといって、ぎゅっぎゅっと音が出るほどきつく巻くのはもちろんよくない。ほどよい硬さに巻くことを体得するにはやはり経験が必要である。

写真12

　表紙のところまで巻き込んだら、巻芯をはずし、あるいはまとめた紐を解き、表紙

写真13

写真14

まで巻いて、最後に紐を巻きつける。このときも巻物は左手に持ってなるべく動かさないようにし、右手で紐を一重ずつ巻きつけていく。紐の巻き方には、交差させる方法などいくつかの形式があるが、題簽を傷つけないようにするためにも下方向へ巻いていくのがよいだろう。紐の先は折って直前の一周の下に挟み込む（写真13、14）。巻子を開くとき、この先を引けば紐を容易に解くことができる。

　裂や薄葉紙で包むときも、巻物はなるべく動かさずに裂や紙の方を動かして包む。

　箱に収納する（梱包のときと同じ注意点に気をつける）。

10 屏　　風

松原　茂

1 基本的な留意事項

　屏風は人目や風を遮蔽するための伸縮自在の調度である。日本では奈良時代から用いられた。鎌倉時代までは革や布の綴じ紐で連結していたが、室町時代に紙の蝶番で前後に開閉できる形式になった。6枚折（6扇）の屏風を6曲1隻と数え、対の場合は1双という。2曲・4曲・8曲・10曲の屏風もある。高さも2尺（約60cm）の風炉先屏風から8尺（約240cm）の大屏風までさまざまある。現存する遺品のなかでは6尺（約180cm、本間屏風と呼ばれる）の6曲1双の屏風が最も多い（巻末資料4　屏風の各部名称参照）。

　杉材で格子状の骨格を組んで紙を何度も貼り重ねて下地とし、その上に紙あるいは絹に書いた絵や書を張り込み、縁（縁裂）を貼ってさらに縁木を取り付けているのが通常の構造である。縁裂がなく、本紙の外側がすぐに縁木となっている場合もある。縁木には、隅金具を取り付けたり、鋲を打ったものもあり、また、裏面には綾や、文様を版木で摺った紙を貼ってある。

　つまり、書画の作品ではあるが、紙や絹のほかに、木や金属も用いられているのである。屏風の取扱いには、それらの材料がどこにどのように使われているかを知っておく必要がある。どこを持ったら安全か、逆にどこに力をかけたら危険か、それらの答えは構造を知ることにより、自然に導き出されるものであるからである。

　屏風は画面が大きいので、修理・改装に要する費用が高額なため、修理が必要な時期に来ているものでも、修理できないまま展示や貸し出しに供されている場合が少なくない。画面に引きつれが生じているもの、亀裂が認められるもの、蝶番の一部が切れているもの、紙継ぎに糊離れがあるものなど、状態はさまざまである。作品の貸し借りの際の状態確認及び調書作りが重要であることはいうまでもないが、展示中の経過観察も怠ってはならない。

　また、近年修理されたものは、構造の頑丈さを追求するあまり、屏風自体が非常に重たくなっているものがある。江戸時代に仕立てられたものだと、1人でも楽に持ち運べるが、重い屏風を、1人で持ち運ぶのは危険である。

　一方、大きな画面はインパクトがあり、博物館・美術館の大きなギャラリーでは展示映えがする。したがって、扱いが難しい状態の屏風を梱包・輸送したり、展示したりする機会に遭遇することが少なくないのである。

　そこで、以下に、本間の6曲1双の屏風を例に留意点を示し、より安全な取扱いのため

の拠り所としたい。

2 梱包・開梱

・事前に、付属の木箱があるかどうか、輸送に耐える強度があるかどうか、所蔵者がその
　箱の使用を望むかどうかを確認する。

・箱がない場合は、板段ボールで1隻ごとの箱を作ることになる。たたんだときの外寸を
　確認して箱を事前に準備するのが望ましいが、それができない場合は、その場で採寸し、
　作品の点検の時間などを利用して製作する。

　　＊所蔵者に採寸を依頼したため、誤った寸法を告げられ、用意した箱が使用できないことがあるの
　　　で要注意。点数が多い場合は、もし可能であれば、採寸に出向くのが確実である。短時間で箱作
　　　りができるよう熟練していれば、その場の採寸で間に合う。

・現場では、まず、安全に作業するのに十分なスペースを確保することが大事である。梱
　包作業は床面にキルト性のマット、あるいは巻段ボール紙を敷いて、その上で行う。ま
　た、適当な大きさの作業台があれば、同じように上面を覆い、その上で行うと、より作
　業がしやすい。

・作業スペースに、巻防水紙・巻クラフト紙・巻薄葉紙を重ねて広げた上に、たたんだ1
　隻の屏風の上部と下部の両側を2人が両手で水平に持って、そっと置く（写真1）。

・本紙側に緩衝材として巻薄葉紙を挟む場合は、屏風の高さより10センチメートルほど
　長く切った薄葉紙を1隻3枚あて用意する。屏風の上辺・下辺に坐った2人が声をかけ
　合ってタイミングを合わせ、両手で5・6扇の間、3・4扇の間、1・2扇の間を順番に開
　け、薄葉紙を本紙を擦らぬよう、皺がよらぬよう気をつけながら挟み込む（写真2）。

　　＊薄葉紙を挟むことの是非は意見が分かれる。最近は、薄葉紙を挟まないで輸送することの方が多
　　　い。所蔵者の指示に従って行うこととする。

・巻薄葉紙・巻クラフト紙・巻防水紙の順に開け口が天の方向になるように包んで養生テー
　プでとめる。番号・作品名などを書いたラベルを貼り、包み紙に天地の天の方向、本紙（前

写真1

写真2

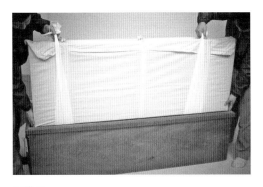

写真 3

写真 4

面）の方向を示す矢印を、油性のフェル
トペンで記しておく。破損箇所など、開
梱時に特に扱いに気をつけるべきところ
があれば、赤のフェルトペンでマークし
て注意を喚起しておく。

・板段ボールで作った箱に入れて、「マイ
　カロープ®」などのポリプロピレン撚り
　紐あるいは綿の平紐で縛る。ポリプロピ
　レン撚り紐のほうが強く締めることがで
　きるが、平紐の方が箱を傷つけることが

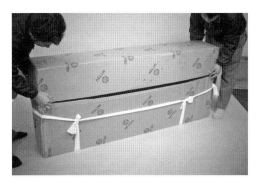

写真 5

少ない。ラベルを貼り、天・本紙の方向を示す矢印をつける。

・付属の木箱がある場合、強度的に問題がなく、所蔵者の指示があれば使用する。使用可
　能な布袋があれば、それを利用し、なければ上記と同様な内梱包をする。

・晒し木綿などで上下 2 箇所を縛り、オゼ（蝶番の部分）を下にして、2 人でそれぞれの
　晒しを片手で持ち、もう片方の手を下に添えて、呼吸を合わせてゆっくりと木箱に収納
　する（写真 3）。収納したら晒しの結び目を解き、ひろげてたたんでおく。取り出すときは、
　改めて結び手がかりとして用いる。

・木箱と屏風の間に遊びがある場合は、巻段ボール紙を利用して緩衝材とし、屏風を固定
　する（写真 4）。

・木箱を傷つけないように、巻段ボールで箱を包み（身と蓋とを別に包む）、晒しで縛って、
　持ち手を作る（写真 5）。

・開梱は、木箱に入れてある場合はまず箱から取り出す。必ず 2 人で扱うこと。声をかけ
　て息を合わせる。養生した床面に横長の方向に立てたまま、袋をはずす。

・段ボール箱に梱包してある場合は、箱を養生した床面に平に置いて紐を解き、包み紙を
　はずす。

・本紙の間に薄葉紙を挟んである場合は、展示する以前にこれをはずしておかなければならない。屏風の上辺・下辺に坐った2人が声をかけ合って両手で1・2扇の間、3・4扇の間、5・6扇の間を順番に開け、もう1人が、薄葉紙の両端近くを両手で持って、まず、手前を少し浮かして空気をいれ、全体が浮き上がったところですみやかに抜き取る。

3 輸　　送

・木箱に収納してある場合、長手の方向を進行方向に合わせて固定する。

・段ボール箱の場合もオゼが下になるように立てるのが望ましいが、天を上に立ててもよい。ベルトなどで固定する場合は、箱の角をつぶさぬよう、毛布などで養生する。

4 展　　示

（1）　展示場所までの移動

・開梱が済んだ屏風は、地の方を滑らないように押さえ、天の方を両手で持ち上げて立て、屏風が軽い場合は1人で中央部付近の両脇を両手で持ち、展示場所までの距離が近ければ立てたまま持って移動する。

・手持ちで長い距離を移動することは避けたい。こまめに台車を利用することを勧める。

・重い屏風の場合は2人で立てた屏風を両手で挟むようにして持つ。

・いずれの場合も、屏風の骨格のうち一番太い外枠の部分に力がかかるように持つのが肝要である。オゼに近い部分と、縁木のすぐ内側の部分である。縁木は外れることもあるので、ここを持つことは危険である。

・1人で屏風を持った場合、ほとんど自分の視界をさえぎることになる。移動するときは周りに声をかけ、衝突などの事故が起こらないように留意する。

・事前に開梱を済ませ、収蔵庫に保管してある場合は、台車に乗せて展示場所まで運ぶ。台車は、屏風を立てて乗せることができる手すり付きのものを利用し、晒し木綿などで台車の手すりに縛って固定する（写真6）。

・台車への上げ下ろしはストッパーをかけるか、ストッパーがない場合は、1人が台車を押さえて作業中に動かないように補助する。

・台車で屏風を運ぶ際、段差を越えるときは、スピードを落とし、衝撃を最小限に抑える。台車を押す人のほかに、周りの安全を確認し、台車の動きを補佐するもう1人が必要である。

写真6

・屏風を展示ケースに入れるときは、1人がケースに入り、外から渡す人と息を合わせて声をかけて確実に受け取る。ケースの開口部に下部照明などの立ち上がり部分がある場合は、無理して1回で手渡そうとせず、立ち上がり部分にキルトや毛布をかけて養生し、この上に、いったん屏風をあずけて確実に手渡すのが安全である。

（2）　屏風の展示

・展示したいスペースの中央にたたんだまま運んで壁面に屏風の背面を向けて立て、1人が第1扇の、もう1人が第6扇の両端に手を掛け1人ずつゆっくりと開く。L字形の角金具の下辺が折れて欠失している場合は、残った金具の先が尖っていることがあるので、ケースの床を傷めぬよう注意する。

・ある程度開いたら、1人が第1扇と第2扇との間、もう1人が第5扇と第6扇との間に立ち、各扇の上部（下地の骨格）を少し持ち上げながらさらに開く（写真7）。このときも2人同時に動かさないほうが安全である。

・開きの角度をそろえる。120度くらいを目安として、見栄えのよいように調節する。1箇所の角度を決めたら、山折と山折との間隔をそろえ、それぞれのガラスからの距離を合わせることで調節できる。両端のガラスからの距離は、縁木の先端を測るのではなく、縁木の内側すなわち縁木と縁裂との境目を測らないと、開きの角度は厳密には同じにならない。

・対になる1隻を同じように立て並べる。左右隻の間は、拳1つくらい間隔をあけると収まりがよい（図様や、縁のあるなしによって加減する必要がある）。

・展示ケースの床が平らでなかったり、屏風の下地や縁木が反っていたりすると、浮いてしまって固定できない箇所が生じる。その場合は、木片、あるいは消しゴムなどを切って隙間に挟むとよい。プラスチック消しゴムは、溶けて縁木の漆に接着する恐れがあるので使用しないように。

・各隻の両下端に金属の重しをかませることがあるが、大きな地震があった場合、重し自体が屏風やガラスを破損する危険性があるので使用しない方がよいと思われる。

・屏風を平面に開いて展示することもある。その場合は自立しないので、壁面に固定する必要が生じる。上の縁木の両端と、山折の部分2箇所、計4箇所を金具でとめる。縁木との接触面にはフェルトを貼る（写真8）。金具の取り付け・取り外しには、ハンマーやド

写真7

ライバー、ペンチや釘抜きなどを使用するので、本紙を傷つけぬよう細心の注意を払うこと。

（3）撤　収

・展示後の撤収の際には軽く毛叩きをかける。特に、縁木の上に塵がたまっていることがあるのでここは叩きを直接触れて払う。羽毛が絵の具の浮きに引っかかる恐れがあるので、画面には直接触れず風を送る程度にする。

写真8

・たたむときも2人1組で取り扱う。開くときと反対の動きで、ゆっくりと閉じる。

・台車への上げ下ろしは必ず複数で行い、互いに声を掛け合って意思統一を図りながら行動することが基本である。なお、前述のように、屏風は必ず外枠の部分に力がかかるように持たなければいけないということを忘れないように。

11 茶 道 具

名児耶　明

1 基本的な留意事項

(1)　茶道具の特色

　茶道具は、床の間、茶席の中の客の居場所、亭主の位置といった茶席の空間で使われるものである。掛物や、懐石という食事をとるため、茶を点てて飲むために必要なさまざまな材質のさまざまな道具がある。今ではそれらが美術品として美術館に収まっているものも多い。金工品から、陶磁器、染織品、木工・竹工品等、扱い方も変化に富む。したがって覚えることは多いことになるが、基本的な扱いの考え方は茶道具全体に共通する。道具の種類は、陶磁器や金工、染織などの他の項目と重なるので、美術品としての、材質や形態状の取扱いや注意点はそれらを参照してほしい。

　茶道具は、茶の湯の発達とわが国文化の中で培われ、長い時間をかけてできあがった約束事もある。また、茶道の流儀の違いによる相違点もあるが、それらはすべて道具を大事にする気持ちから発している。

　写真は、そうした結晶ともいえる現れで、ある茶碗の通常の保管に使用されている一式である（写真1）。茶碗を扱うということは、これらを含めて扱うことである。現在では、この中の茶碗だけを借用し、ほかのものは借りず触れもしない例も多いが、それでは、真の取扱いができることにはならない。わが国の茶道具はこれらすべてを扱えて当たり前でなければならない。

　所有者の中には、そうした周辺の約束事を含めた扱い方を見て、貸し出しても安全であるか判断することもあり、展示の成否にさえ関わることもある。そうしたことを自覚して茶道具類の扱いを学ぶことも肝要である。

写真1　茶碗箱一式（上段左から、内箱、外箱とその御物袋、外箱蓋。中段左から、茶碗の御物袋、あんこ（詰め物）。下段左から、茶碗、柱（詰め物）、布団（詰め物））

(2)　取扱い上の基本的注意

　茶道では、もともと茶道具と触れあうようなものを身につけない。ところが、現在では時計や装飾品を身につけている場合が多い。茶道の精神に従えば、それらをはずすか、茶

道具と触れあうことのないように処理することを忘れてはならない。装飾品以外のものでも、身につけたあらゆるもの、堅いもので茶道具を傷めることのないように配慮するのが、ほかの美術品と同様にわが国での取扱いの基本中の基本である。

　茶道具の扱いは、茶碗や水指、花生などの陶磁器は美術品としての陶磁器の扱い、釜のような金工品は、美術金工品としての扱いのほか、それらを道具として使用する扱いが別にあると考えたほうがよい。例えば、釜を美術品として所有する美術館では、極力水分を避け、錆びないようにする。しかし、茶道具としては使用するものであり、湯を沸かす。普段から釜を使用している茶人たちは、使用後の扱いを心得ており、錆びさせず長持ちさせる。それは、通常の美術館の学芸員の扱いの範囲を超えており、作品の展示や梱包、輸送にはそれらは直接関係ないようであるが、そうしたものであることを知った上で普段から釜に接することで、より釜の保管、維持に有益な学びをすることもある。釜は使わず維持するよりも適度に使用し、きちんと後始末をしておくことで、より輝きを維持した保存ができることは現実に多いからである。

　また、茶道具を扱うときは、前項で示した茶碗の箱等一式の写真のように、作品そのものばかりではなくそれを包むもの、収める箱など一体となった扱いを知らなければ、その正確な内装も梱包もできないことになる。作品そのものを展示するには、箱の扱いは不用でも、それらの保管箱には、安全のための知恵が詰まっており、それらを利用して輸送する場合はそれらの的確な扱いも不可欠である。

　ここでは、それらを含めた茶道具としての扱いを述べる。したがって、例えば茶碗は、「第3章　陶磁器」（多少の異なる部分がある）を、釜については、「第5章　金工」といったように別の章も参考にしてほしい。

2 茶道具の取扱い

(1) やや大型の道具

　茶道具の中で扱いに注意を要する大きめの道具として、使用の機会は少ないが茶壺があり、よく使うものに釜がある。水指も大きく重いものもある。

　茶壺には外側に釉薬が掛かる。白手袋を使うのが一般的に丁寧と思われているが、実際には指紋が付かない程度に手を清潔にして、底部に近い方を素手で扱う方が滑ることもなく安全である。なるべく胴より上を持たないことである。それよりも両手で壺の内側から持って動かす方が安全である。こうすれば指紋を付ける機会も少ない。ただし、それを置くときには注意を要する。下に底が着くときぶつからないようにすること。もし片手で持てる場合は、片方で内側から持ち、片方を底にあてて、底にあてた手が置く位置に着いたらゆっくりと手を抜いて底を着けるようにするとよい。

　水指も同じように、内側をもてるならそこを持って扱うのがよい。茶壺や釜と同じである。

　特に釜は、金属であるため外側を持つことは避けるべきである。必ず内側を持って扱うべきである。もともと水を入れて使うものであるから内側から手を入れることに問題はない。また、釜の中には底部が劣化しているものもあり、上部を持つのがより安全につながる。もちろん置くときは注意を要する。

　ほかの美術品にもいえるが、道具によっては、素手で触れることは避けるべき部分がある。茶道では茶碗などの釉薬の掛かっていない部分、すなわち露胎部分は、できるだけ汚さないこと、長い歴史の中で汚れていても現状を維持することを優先するのである。こうした扱いの心得を知らずに茶道具の所有者に接することは仕事の失敗につながることもある。

（2）　茶碗と小形の道具

　茶道具の中で、茶碗は、展覧会などでもよく目立つ。美術品として所有されているものも多いが、何重にも箱があり、茶碗を保護するための御物袋に入れてあるものが多い。したがって、箱や袋の扱いができなければ内装も梱包もできないことになる。茶人の所有する茶入や棗、茶杓等の小形の道具もそれぞれに注意することがある。茶入は、内側を持つことができないため、外側を持つことになるが、底部の露胎部分、土見せともいう釉薬の掛かっていない部分はけっしてよごれた素手で触らないこと。茶人はよごれをもっとも嫌うからである。棗は漆工品で、素手で触れると指紋が付きやすく、よごれが目立ちやすい。作品そのものについては、漆芸品の第4章の扱いでよいと思うが、これらも袋や付属物があり、それらとともに扱いをできるようにしておかなければならない。茶杓は、筒に入れられている。それを取り出すには茶杓の形態上の弱点をよく知り、その場の条件の中でもっとも最適な方法を選ぶとよい。香合も小型な道具、材質も多種に渡る。これらも作品そのものの扱いはそれぞれの章での扱いに任せる。

❸ 取扱いの手順（茶碗と袋・箱）

（1）　作品の持ち方の基本（茶碗）

　一般にもっとも知られる茶道具である茶碗の大きさは、取り扱いをする上でも基本的な動作を実践することができる。収める箱や御物袋、包裂など茶道具に付属する基本的なものも揃っている。そこで茶道具を扱うための基本を学ぶに最適である。

　まず茶碗の持ち方は、写真のように下部を抱えるように持つことである（写真2）。これは茶をいただくときとほぼ同じ持ち方である。少し移動するためには、片手を深く入れて軽くつかみ、もう一方の手で下か

写真2　茶碗の持ち方

ら支えるようにもって動かす。これも片手はつかみ片手は下からという、美術品全般にいえる基本と同じである。これが裸の状態の作品を移動する時の基本の持ち方である。つまり、調査などの拝見、道具としての使用中、そして展示作業や梱包時の方法である。長い距離になったら、箱にしまった状態で運ぶこと。

写真3　茶碗の持ち方悪例

　写真のように、一箇所に大きな負担をかける持ち方はきわめて危険で、絶対に避けること（写真3）。また、作品がそのままの状態、いわゆる裸の状態で、そばにいくつも並べたりするのも危険である。その中の一つを動かすときに別の茶碗と接触する可能性が高く、ともに大きな損傷を受ける場合がある。したがって、少しの移動に、二つの茶碗を一度に持つことはしない。拝見等で、茶碗を高く持ち上げる行為もしてはいけない（写真4）。しかも落下を防ぐことができないような持ち方は、絶対にしてはならない。上にあげて見たいものは、たいてい、落ちても安全な低い場所でそれを裏返ししてみればすむことである。作品を動かすのではなく、可能なら自分が動くという基本的考えで行動することである。

写真4　茶碗に危険な持ち方

写真5　ありがちなよくない例

　写真は、実際にはよくありがちな場面である（写真5）。しかしよくみるとあらかじめ避けられるいくつかの悪い例がある。第一は時計をつけている。第二に作業する場所に不必要なものが置かれている。第三に胸のポケットにボールペンのようなものが入っている。そして、貴重かもしれない御物袋の上で扱っている。これらは、めったに大きな事故につながるわけではないが、これを繰り返していると、気がゆるんでいつかは事故につながる。無理なくできる範囲の安全な環境作りさえしていないことを示しており、作業する人の作品への愛情は伝わらない。

　茶入についても、ほとんどが陶磁器で茶碗とほぼ同じに扱えばよい。より気を付けるところは、**2**(2)に述べたように底部の露胎をけっして素手で触れないことである。そして、

比較的軽量で転がりやすいので、力を入れすぎないようにしてつかむように持つか、掌の内側に包むように軽く持つ。扱う場所では、転がらないように、転がっても落ちることのないように配慮をする必要がある。

(2) 茶碗の取り出し

普通、茶碗は最低一箇の箱にしまわれ、風呂敷に包んである。したがってまず風呂敷を解く。次に箱の蓋を開けるが、紐がある場合はそれを解く。蝶形に結んであるのが普通であるが、その場合、右の下側にある一本を引けば全体が解ける（写真6）。蓋は作業のじゃまにならないような場所に置く。箱書付がある時には、文字が摺れないためにもそのまま置くのがよいが、蓋に、箱書付を保護するための覆紙（おおいがみ）があるときは、裏返しても構わない。

写真6　箱の紐

そして中から茶碗を取り出す。茶碗以外でも包裂に包まれていたら、裂の端四箇所をしっかりとつかんで持ち上げ作品の下側にもう一方の手を添えておろす。その手からおろすといつも安全におろせる（写真7）。

包裂もたたむか箱に戻すか、じゃまにならないところによけておく。茶碗の多くはさらに御物袋に包まれている。

写真7　包裂ごとの扱い

(3) 茶碗の出し方（御物袋（ごもつぶくろ））

茶道具は、茶碗に限らず多くのものが作品保護のために御物袋という袋に包まれている。中身の茶碗や茶入、そのほかの茶道具の扱いとともにこの御物袋を正しく扱う必要がある。ここでは**3**(2)の続きとして、適度の大きさである茶碗の御物袋で解説する。

御物袋から茶碗を取り出すためには、御物袋の結んである紐を解く。写真の中の右側の三重になっている紐の一番上の一本をつまんでゆっくりと引く（写真8）。その時結び目の元を軽く押さえ引く紐だけが取り

写真8　御物袋の紐（緒）

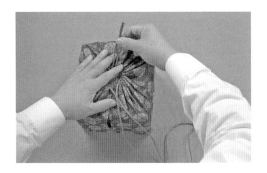

写真9　紐の伸ばし方

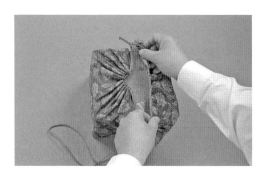

写真10　緒つがりの伸ばし方

やすいようにする。しかも結び目全体が引っ張られ、緒つがり（紐とつがり）に負担が掛からないようにする。正確に結ばれているときは必ず最後まで引くことができ、全体がきれいに解ける。うまく解けないときは、無理をせずほかの紐を緩めるなどすれば必ず解ける。

　次に結ばれた部分の先を引いて紐の長さ全体の三分の一程を伸ばす（写真9）。つがりの部分を軽く押さえると伸ばしやすいし、つがりに優しい。そして軽く押さえていた写真の右側のつがりの詰まった部分を伸ばし、伸びたら左も同じように伸ばす（写真10）。これで中の茶碗等を楽に取り出せる。御物袋は、紐を適度にまとめて空箱にしまうか、脇に置いておき、その次の動作のじゃまにならないようにする。この御物袋の解き方は、茶碗を包むもの以外の箱やほかに付属する御物袋でも同じである。

（4）　茶碗のしまい方（御物袋）

　茶碗をしまうにあたってまず御物袋に入れる。御物袋の紐の縛り方はおもに茶道での方法と美術業者に多い方法がある。どちらでもできあがる結果は同じであるが、できあがりの美しさが微妙に異なることがある。美術業者がよく行う方法の方が写真のように真ん中の紐がきれいに二本揃いやすい（写真11）。

写真11　御物袋の紐（緒）

　まず、御物袋の紐の綴じ目側を向こうにループ状側を手前に置く。茶碗をその中に収めるが、この時茶碗の正面を手前に向けておく。これは御物袋に収まって外から見えなくても茶碗がどちらを向いているか分かり、袋に入ったまま扱うときでも茶碗の状態をいつも把握できる利点がある。

写真12　紐（緒）の扱い1

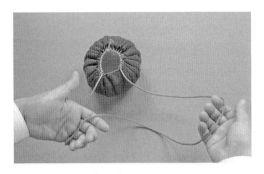

写真 13　紐（緒）の扱い2

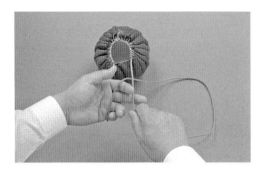

写真 14　紐（緒）の扱い3

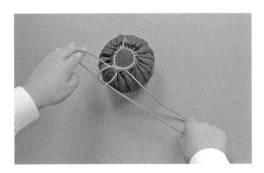

写真 15　紐（緒）の扱い4

写真 16　紐（緒）の扱い5

写真 17　紐（緒）の扱い6

写真 18　紐（緒）の扱い7

　茶碗が収まったら、ループ状の紐を手前に引く。その時、つがり部分を押さえておく（写真12）。つがりがまとまったら手前のループ状の紐二本を左右の手で写真のように持つ、右手は紐を下から持ち、左手は紐を上から持ちそれを上向きにする（写真13）。次に右手を左にひねって右手の紐の一部を左手の人差し指と中指の間に挟む（写真14）。その挟んだ紐だけを、左手を返し、紐を左上方に伸ばす（写真15）。右手につかんだ紐は離さないで、右手前に伸ばす。一本のループ状紐はここで結ばれ二つに分れる。この時左手にあった紐の方を3センチ程長くしておいて締める。次に右手で持っている紐の下側を左手で写真のようにつかみ、右手でもっていた紐を向こうに折り返す（写真16）。左手はそのまま維持しておき、右手をはずし写真16の左上側にあるもう一方の紐の端をつかんで時計回りにもう一方の上側を手前にまわし（写真17）、左手の下側を通して、左側のつかんだ位置近くまで持って行っ

写真 19　紐（緒）の扱い 8

写真 20　紐（緒）の扱い 9

写真 21　紐（緒）の扱い 10

写真 22　紐（緒）の扱い 11

写真 23　紐（緒）の扱い 12

1　美術業者がよく行う「道具屋結び」の
　　方が紐の一部がきれいに揃いやすいこと
　　は事実であるが、茶人の前ではマナーと
　　して、茶人が通常行うこの方法を行う方
　　がよい。
2　御物袋と同じ形態のものに仕覆がある。
　　仕覆は茶入（茶器）に使用するもので、名
　　物裂によってつくられており、呼び名が
　　異なる（第 12 章参照）。

て手を離す。次がもっともわかりにくいが、写真 18 のように今まわした紐を左手でつかん
でいる紐の下側から右手の親指と人差し指を入れて二本つかみ引き出す（写真 18）。このと
き、つかんだ紐と残っている一本の輪状の紐（写真 18・19 の右手上に見える紐）を上にし
て三本を一緒にする（写真 19）。左手は、つかまえている紐の下に右手がまわした紐の輪状
の一本（写真 18 の左手上に見える紐）を取り込む。これで左右三重になり、長い紐の結び
が完成する（写真 20）。

　もう一つの結び方は、一本のループ状の紐を二つに分けるところまでは同じである。た
だし、二つの長さは同じ長さにしておく。そのあと、右側の紐を写真のように右手で折り
返して持ち、左の紐を左手で折り返した紐の上から下へまわすように通して、それぞれを
三重の輪にして結ぶ（写真 21 〜 23）。

（5） 箱への入れ方

　結んだ御物袋を箱に収めるには結んだ紐の付近をもって一方は下から支えて移動する。そして静かに中に入れる。その折、箱の下方側に御物袋の正面を合わせる。詰め物として柱があれば、この次にいれる。また、包裂があれば御物袋ごと包んでから箱に収める。包裂は最後に向こう側から手前に端を収める。これで茶碗の正面を判断できる。

　また、箱には上下左右が決まっており、作品の入れ方の約束事もある。箱は通常、底板は上下に向かって木目が縦に通っている。正方形の箱であっても箱の身を構成する脇の板は左右が長く上下が短く設計されている。したがって蓋も木目を縦にすればよい（写真24）。ただし、箱書付があればそれにしたがって、自分の方に向かって読めるように置く。例外はあるが、それを基本として理解すれば、蓋や箱を開けたときにばらばらに置いても元に戻せる。箱の紐は、もともと一本の連続するものであるが、写真のように上からみると輪となっている一本と単独の紐二本からなっている（写真24）。

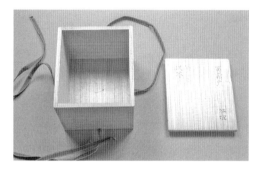

写真24　箱と箱の紐

　箱の身の上下を決めるには、まず底板の木目を縦にする（脇の短い板を上下にしてもよい）。そして、紐は輪になっている方を上にする。この時、輪が右側か左側になる。つまり、脇板の短い方で、紐が輪になっているところが上となる。蓋はそれに合わせて文字が読めるように置けばよい。もし箱書付がない場合は、木目を縦にする。木目の幅の広い方を右にするか左にするかの約束事はあるが、日本の習慣ではなく、流儀などの違いであるから、美術品扱いとしては、縦であればよい。

写真25　箱の紐の扱い1

　蓋を正しく置いたら、紐は輪になっている部分に手前の紐の端を上から通して脇へ流し（写真25）、もう一方の紐の端を前とおなじく輪になった紐に上から通して下へ流す（写真26）。次に下へ流した紐を持ち、折り返して輪を作り（写真27）、そこに脇

写真26　箱の紐の扱い2

写真27　箱の紐の扱い3

写真28　箱の紐の扱い4

に流した紐を上から渡して下から上に潜らせる。こうして蝶結びが完成する（写真28）。蝶の下側が茶碗の正面の方向になる。

（6）　風呂敷

　箱に収めたら、最後に風呂敷に包むのが一般的である。風呂敷は、作品を正確に真ん中に置き、手前の部分を向こうに回し、向こう側から手前に掛け、両脇の部分を持って、縛る（写真29）。この時にいわゆる縦結びにならないようにする（写真30）。写真のように風呂敷の端が手前にくるようにすることで、これも茶碗の正面の向きとわかる。風呂敷は、古来から利用されているが、保管や持ち運びに有効で、コンパクトにもなり、扱いもそれほど難しくない。特に館内での移動など手で持ちながら移動するときはきわめて便利である。

　このように、作品をしまうには、御物袋、包裂、箱、風呂敷のいずれも約束事を守れば、美しく収まり、中身の様子を外側から知ることができるように工夫されている。

写真29　風呂敷の縛り方

写真30　風呂敷の完成

4 梱　包

　「第3章　陶磁器」を参照。

12 染　　織

小山　弓弦葉

1 はじめに

　「染織」とは、文字通りの意味をいえば布帛を「染」めたり糸を機にかけて「織」られたもののことである。また、さまざまな色によって「染」められた糸を用いて「織」物の上に「刺繍」で模様を表したものもまた染織品である。

　博物館においては染織品を収蔵品として保管する場合、もっとも年代の遡るものとしては縄文時代の遺跡から発掘された繊維があるが、きわめて特殊なものである。収蔵庫等で保管され、展示施設で公開される染織品の具体的な例をあげると、時代の古いものでは正倉院宝物などに代表される上代裂があげられる。もっとも飛鳥時代・奈良時代に制作された染織の多くは劣化が進行し断片化され、ガラス板に挟まれていたりマット装にされていたり、あるいは裂帖になっていたりして、衣服としての形状を備えたものとは取扱いが異なる。また、書画の表装に用いられる裂、茶道具などを保護するための仕覆・挽家袋・風呂敷・袱紗などに用いられるいわゆる名物裂も、文化財として守り伝えていくべき貴重な古裂が用いられている場合が少なくない。それらもまた文化財を取り扱う皆さんにとっては触れる機会の多い染織品と思われる。さらに、展覧会では、宮廷衣装や海外の民族衣装などが取り扱われる場合もある。これらも染織であり、共通する部分は少なくないため、保存・管理については本ガイドブックを参考にしていただきたい。

　本文においては、博物館などで取り扱う機会が多く、基礎知識を必要とする、中世以降に日本人が使用した小袖形の衣装の取扱いについての基本的な事項について述べたい。それは、舞楽・能楽・歌舞伎といった日本の伝統芸能に用いられる芸能衣装（装束）、武家や宮廷貴族が用いていた装束類、中近世の男女が広く用いた日常着や晴着などである。

　それらの衣類の裂地である染織品はすべてが日本製ではなく、中国や朝鮮、インドやインドネシア、ヨーロッパ諸国から輸入された外来品も含まれている。したがって、日本では生産できなかった素材や複雑な技法を用いたものも含まれている。柔軟で形状が変化しやすく、繊維の劣化によって崩れ、天然染料の褪色によって色が損なわれやすい染織は、工芸品の中でも特に後世に残り難いものであり、器物としての形が比較的安定している他の工芸品とは著しく取扱いが異なる。それぞれの性質を理解し、その素材や形状に合った取扱いを心がけたい。

　小袖等については、この章の末尾に用語解説を付したので参照いただきたい。

2 基本的な留意事項

（1） 取り扱う前の準備

　染織の場合、白手袋は用いない。展示で袖を衣桁(いこう)にかける際や折りたたむ際に手首や肘まで作品に触れるため、長手袋を使用したり白衣を用いたりする場面を見かけることもあるが、基本は素手である。木綿製の白手袋は取り扱う作品の繊維と絡んで扱いにくくなるし、繊維の質感や弱った部分を感じ取るには触感が重要だからである。しかし指輪のまわりにテープや傷用絆創膏を巻いて保護して作品を取り扱う人を見かけるが、粘着物を巻く方がかえって繊維が付着して引っ張られる可能性がありよくない。原則ははずすべきであろうし、どうしてもはずせないというのであれば、白手袋をした方がよいであろう。

　夏場は袖がかからないよう半袖で作業を行い、腕まで洗浄する。汗をかかないよう空調の行き届いた場所で取扱いを行う。前ボタンや飾りのないエプロンをつけるのもよい。

　冬場は袖の窄まった割烹着やスモックを用いるか、それに準じた袖の窄まった前ボタンのない洋服で作業を行う。袖の開口部分が振れるような衣服は取扱いの妨げになり、前ボタンのある衣服は取り扱う作品に引っかかる恐れがあり危険である。

　染織を取り扱う基本は広げることと、たたむことである。いずれの作業にも、作品を広げた際にはみ出ない作業スペースを想定し、大体 2m 余四方の広い場所が必要である。卓上で行う場合は立って、床面で行う場合は正座、半腰の姿勢で行う。染織は毛氈やマットを敷いた上に直接置いて折りたたんだり広げたりすると、敷いたものに作品の繊維が絡みつく場合があるため、その上にさらに毛羽立ちのない薄葉紙や和紙を敷いて作業を行う。

（2） たたみ方

　「折り目正しい」という言い方があるように、日本の小袖形の衣装は正しいたたみ方によって収納が行われる。その取扱いの要となるのが「たたみ方」である。

　たたみ方は一通りではなく、形状によって異なる。以下、図解を参照しながら解説に従っていただきたい。ただし、たたみ方はあくまで原則であって、取り扱う作品の保存状態によっては以下のたたみ方によらない場合もある。

　折りたたむことやその繰り返しによって損傷が悪化する可能性がある場合には、折り方を大きくする、あるいは折らずに平面のまま保管するなど損傷が広がらない方法を個別に考慮したい。また、おそるおそる指先でつまむような取扱い方はしない。つまんだ部分に力がかかり、繊維が劣化していると簡単に破れてしまう。

　基本は、平らな状態を保つことに心がけ、擦れることによって繊維が乱れないよう持ち上げるように動かし、そろえた指や掌をうまく使いながら優しく取り扱うことである。

①本だたみ

　基本的な着物のたたみ方で、日本人なら誰でも心得ておきたいたたみ方である。裏地の
ない単衣や帷子、袷や武家女性の腰巻など、中綿を詰めていない薄手の小袖をたたむ場
合に用いられる。詳しくは図解1のとおりである。

　慣れないと特殊なたたみ方のように感じられるであろうが、衿・衽など、左右をあわ
せる部分の直線を正確にあわせること、衿首あたりの処理を折り目にそって成り行きにま
かせてたたむこと、折り重なった部分に細かいシワがよらないように確認を行うこと（特
に、後ろ手にまわした袖は折れに気づかないことが多いので注意）を心がければ、折り目
に沿って自然にたたむことができる。最後の二つ折りに関しては、袖の振りに折り目をつ
けないように留意したい。

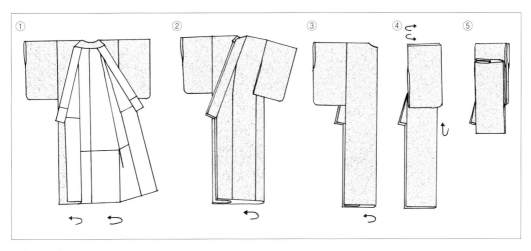

図解1　本だたみ
　　　　（単衣・帷子・袷・浴衣・間着など）

②夜着だたみ

　狭義における小袖・打掛あるいは掻取・間着・夜着・小袖形の歌舞伎衣装などをたたむ
際に用いられ、公家装束の単や衽や打衣や表着などにも応用できる。中綿が入って分厚
いので通常の本だたみでは納まりが悪いため、このようなたたみ方をする。以下、図解2
を参照。

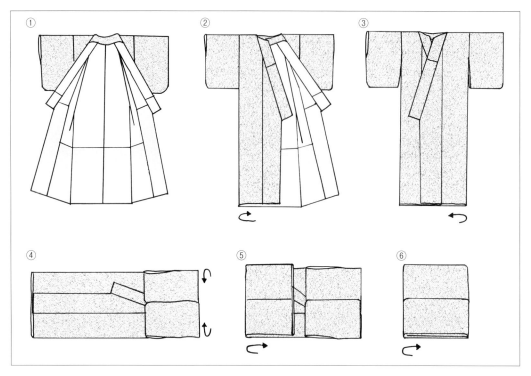

図解2　夜着だたみ
　　　　（小袖・打掛など）

③衣装だたみ

　唐織・厚板・縫箔・摺箔といった小袖形をした能装束のような「衣装」をたたむ際に用いられる。唐織や厚板は文様を織りだす糸が表に大きく浮いている場合が多く、縫箔や摺箔は表面に刺繍や摺箔といった繊細な技法を全身に施している。それらの表面を保護するためにできるだけ表が出ないように考慮されたたたみ方である。このたたみ方はよほど慣れていないと1人で行うのは難しいため、作品の上半身と下半身に分かれて2人で行うことをお勧めする（図解3を参照）。

（3）　広げ方

　以上で説明したように、小袖形の衣装にはそれぞれの形状に合ったたたみ方がある。その基本を心得ていないと、どこを最初に広げれば作品にとって安全であるかが見た目では分からず、広げる際にもとまどうであろう。逆にそれぞれのたたみ方を知っておけば、たたんで小さくなっている作品が、どのような手順でたたまれているか、どこを最初に広げればよいかが判断できる。たたみ方の手順を心得、1つ1つ丁寧に、たたみ方を遡るように広げていけばよい。

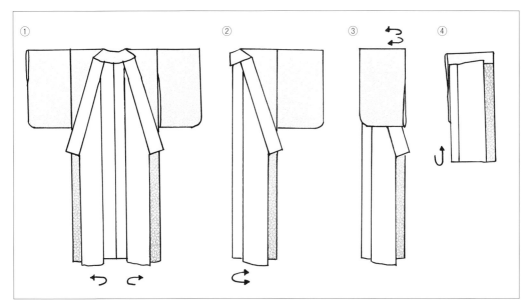

図解 3　衣装だたみ
　　　　（能装束など）

3　通常の展示方法

　小袖や広袖の衣服を展示する際には、通常は衣桁を用いる。まず、衣桁にかけられる状態であるのかどうか、事前に確認する。具体的には、袖山・肩山に切れが生じていないか、衣桁にかけられないほどに縫い目がほつれていないか、掛けた際に、織物に織り込まれた金糸や刺繍の糸、弱った部分の裂が落ちてくるような事態が起こらないか、などを点検する。以上のようなケースにおいてなおかつ、展示をする必要性がある場合は、応急修理を行うか、傾斜台や平台などに作品を安置し、作品に負荷がかからないような展示を行う。

　傾斜台の傾斜は 15 度までがのぞましいが、ケースの奥行きや作品の大きさによって傾斜を強くしなければならない場合もある。その際は、作品の状態との兼ね合いを見ながら、肩山・袖山の内側に棒や板を通して傾斜台に固定したり、重力が拡散するようにマグネットで所々を留めたりする。また、織り目の粗い布で傾斜台を経師すれば、その摩擦によっても作品にかかる重力が拡散する。いずれにしても、作品の状態を考慮しながら慎重な判断をしたい。

　衣桁にかけて展示する場合、近年博物館で使用されている衣桁として、金属製の組み立て式衣桁が挙げられる。この衣桁には肩や腕部分が細く肩山や袖山に負担がかかるという欠点や、陣羽織や狩衣・長絹など丈の短い上衣といった染織品を展示する際に金属の足が露出するため格好が悪い、また、帷子や単衣といった夏の薄物を展示する際に金属部分が裂部分から透けて見えて見栄えが悪いといった欠点があるが、キモノの形に合わせて袖の長さや身丈などを捻子の調節によって自在にできるという長所があることから普及し

写真1
①首の部分　②腕の部分　袖の長
さに合わせて長さの合うものを用
いる。　③肩・胴部分　④足・裾
部分

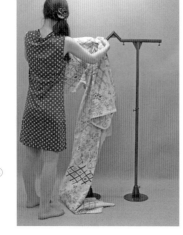

写真2

写真3

た。本稿でも、まずは基礎編として、この金属製組み立
て式衣桁での展示方法について解説する。

①　衣桁をばらばらにした状態（写真1）。

②　腕をはずした衣桁に、片方ずつ袖をかける（写真2）。

③　袖を身頃の方に寄せ、腕を差し込む。その際、差し
　　込み口に袖を巻き込まないよう注意する。袖の幅に合
　　わせて、衣桁の腕が袖口から出ないぎりぎりの所に腕
　　の長さを調節し、ネジをとめる（写真3）。

④　衣桁の高さを調節する。女性用の衣装は丈にあわせ
　　てめいっぱい高くすると不恰好である。江戸時代の小
　　袖の多くは、お引きずりといって、室内では裾を長く

写真4

引きずって着用することを想定して丈を長くしているためである。お引きずりを20～
25cm あまり出すことを考慮して高さを決める。腕の線が水平になっているか確認する
（写真4）。

⑤　背面を見せる場合、背中心がまっすぐであるか、裾が左右ほぼ対称に整っているか、
　　衿首のあたりに皺がよっていないかを確認する。裾を広げる場合には、細い棒の切り口
　　に針を差し込んだ手製の伸子を作成し、二本の伸子を組み合わせて両端の針を表からは
　　見えないよう小袖の裏地に刺して、写真5のようにする。広げすぎると浜辺に干された
　　ホシイカのようになってしまうので、張力をかけすぎないようにする。伸子の重みが作

写真5

写真6

写真7

品にかからないよう、伸子を衣桁の肩に薄紐などで吊るす（写真6）。

⑥　前面、あるいは両面を見せる場合、前面の衽や衿がはだけていると格好が悪い。衿の状態がよければ、装着時の着方を考慮して衿を内側に半分に折り、衿の両側にかけて広げていく。待ち針を用いてはだけそうな箇所を1～2か所、表からは見えないように留める。待ち針を用いた場所は忘れないように記憶あるいは記録し、撤収の際、必ず取り外す。そのまま残っていると、空調の効いた所で保管していても必ず待ち針から錆が生じ、作品を汚すことになる。展示作業によく用いられる虫ピンは待ち針よりやや太めであるので用いない。待ち針を用いての展示は最善の方法とは言えな

写真8

いため極力用いないようにし、できる限り細い針を用いるように心がけたい。裾が広がりすぎないように褄からお引きずりにかけて美しく流れるように裾を整える（写真7）。

⑦　広袖の衣装の中には、袖が用意された腕以上に長くなる場合がある。その場合は、カレンダーやポスターのような丈夫で丸めやすい紙を衣桁の腕よりもやや大きく棒状に巻いて、長く伸ばしたい長さに切り、その表面を薄葉紙で巻いて、腕の長さを継ぎ足す（写真8）。

④ 梱　　包

　企画展などで外部機関から作品を借用する際、トラックで作品が遠距離輸送されることが想定される。その際に必要な手順について解説する。

（1） 調書の取り方

　まず、調書を取る。調書に作品の状態を正しく記録するためには、小袖形の作品については右図のような図面があると良い。これがあれば、前身頃の重なりあっている部分の状態も正確に記録できるからである。

　着物の表地、裏地をくまなく確認し、たたむ際に生じた折れ線（たたみジワ）以外の「折れ」、弱りやすい肩山・袖山の部分の「切れ」、縫い目の「ほつれ」、擦れて裂面が薄くなっている部分（「スレ」）がないか、刺繍の「ほつれ」や「欠損」部分、織物の文様を織り出す絵緯糸が引っかかることから生じる「浮き」や経糸の劣化による「横切れ」、実用品として使用してきたことから生じた「汚

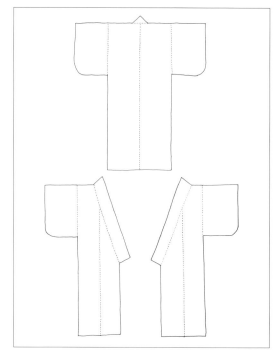

図解4　調書用図面

れ」や「シミ」、虫害による穴（「虫損」）、「カビ」（特に茶色の小さい点状に現れる「フォクシング」による被害が多い）、などに留意しつつ鉛筆で記録をとっていく。虫損は特に、毛織物や毛皮など、動物性繊維のものに多い。

　また、調書には、どのような形状でたたまれて保管されていたのかを記録することも重要である。あやふやな記憶で再びたたむと、新たな折れ線を作ってしまうようなことにもなりかねない。器物のように桐箱・外箱・内箱・包裂・書付といった付属品はない場合が多いが、近年修理された作品には箱や包裂、枕といった付属品が想定されよう。また、裏地に書付をした紙札や布札などが縫い付けられていたりすることがあるため、裏地も念入りに確認をしたい。

（2） 内梱包

　原則、保管されている状態のたたみ方に沿って、裂の表面が向かい合って重なる部分に薄葉紙を挟みながらたたんでいく。その際、薄葉紙のすべらかな面を裂の表面にあてるようにする。薄葉紙の間紙を入れる理由は、表面の刺繍や織物の文様を表す絵緯糸、金箔などが輸送中の振動によって擦れ合って損傷する恐れがあるためである。また、木綿の場合、糸の毛羽立ちがあるため、重なり合う部分の繊維が互いに絡み合い表面が滑りにくく、折れ線とは異なる部分に皺が生じるおそれがあるので、原則、間に薄葉紙を挟むべきである。

　たたんだ際、袖や腰部の折れ線に薄葉紙を棒状にまるめた薄葉紙のクッションを挟む場

合があるが、それよりも写真9のように、梱包の大きさに合わせた綿布団を作成し挟んだ方が折れの緩和には効果的である。時には展示の際や撤収の際に取扱いがしやすいように、保管時のたたみ方よりも折りを少なくして大きくたたむ。

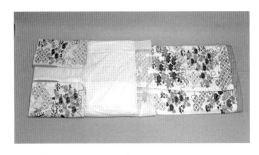

写真9

その後、全体を巻薄葉紙で包む。染織品は斜めにしたり、部分的につまんで運んだりすると、内梱包の中で偏ってシワができてしまうため、必ず水平に持ち運ぶ。そのためには、内梱包した作品の下に板段ボールを敷き、写真10のように動かない程度に薄紐で作品をゆるく固定する。

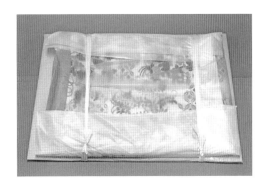

写真10

（3）　外梱包

内梱包の大きさに合わせた箱を段ボールで作成し、その中に納める。和装用の段ボール箱は、本たたみにした作品については可である。平たい箱になる場合が多く、被せ蓋にした外箱が扱い易いであろう。

原則として、いくつかの作品を重ねては入れない。やむを得ず重ねる場合は、箱の四隅に下段の内梱包の高さ分の受けの柱を設け、柱の上にさらに段ボール板を置き、板上に上段に重ねて作品を置く。そうすれば、上に重ねた作品の重みが下に置いた作品にかからない。

外梱包の箱が若干大きく隙間がある場合には、薄葉紙をまるめたクッション材で隙間を埋める。また、箱の高さが内梱包よりも高い場合は、綿布団をその上において輸送時に作品がはねないようにするのであるが、綿布団の重みが作品にかかるのもよくない。せいぜい厚さ3センチ程度の綿布団を平たく載せる程度とし、それ以上に高さがある場合は、外梱包の箱を浅く作り変えた方が良い。外梱包の箱はさらに撥水加工された紙で覆う。

5　輸　　送

外梱包がすんだ染織品は斜めにすると内梱包の中で偏ってシワができてしまうため、必ず水平に持ち運び、平積みする。箱は重ねると輸送時の万が一の衝撃によって下段にある作品に被害が及びかねない。積み重ねも厳禁である。

6 開　梱

　水平に持ち運び、傾きや振動のない所で外梱包を解いていく。展示会場で開梱する場合は、会場の設置作業などが平行して行われているため、床面近くであると 埃 がかかる。「7　保存管理」で述べるように染織にとって埃は大敵であるため、内梱包は全体を広げた際の着物の面積をあらかじめ想定して、広いテーブルの上で開く（取り扱う際のテーブルの設置については「2　基本的な留意事項」の「(1) 取り扱う前の準備」を参照）。内梱包を開く際にも、水平を保ちながら包みを解いていく。

　その後、梱包した際とは逆の順番でたたまれた作品を広げながら、間に挟んだ薄葉紙を除いていく。新たな皺が生じていないか、振動による裂面の損傷はないか、注意深く点検しながら行う。万が一、糸や裂片が外れてしまった場合には、薄葉紙に包み、チャック付きのビニール袋などに入れて保管する。

7 保存管理

　博物館に所蔵される染織の多くは天然繊維であり、天然染料で染めたものである。その弱点を知ることが保管の上では重要である。特に湿度には注意が必要で、極端に湿度が高い場所で長時間保管すると、色素が移動し色斑や色移りが生じる。また、鉄媒染で染めた黒や茶色は、湿気の多い所で保管すると鉄分が酸化し、年代を経ていない作品であってもぼろぼろに劣化するので、特に注意が必要である。

　湿度に加えてさらに温度も上ると、カビの発生や害虫の増殖に繋がる。染織は面積が広く半平面的で、後述するように理想的な保管方法とはいえないが通常は折りたたんで保管される。そこで、異状が発生した場合にも表面からは気が付かないようなケースも考えられる。古来、日本において年に一度、虫干しや風入れが行われていた目的は、全体を広げることによって異状がないか確認をし、外気を通すことによって保管している間にこもる湿気を逃がす役割があったと言えよう。

　虫干しに最適な季節は、外気が乾燥し日中の気温が15 〜 20℃前後の秋10 月中旬から11 月上旬にかけてである。ただ、博物館施設で所蔵される染織においては虫干しが難しいため、温湿度が安定しない場所で保管する場合は特に、異状がないか広げて定期的に点検をすることが理想である。

　染織の大敵は光と埃である。光は褪色を招く。保管する場合には光の入らない場所に保管することが何よりも重要である。特に紅染や紫根染は眼に見えて褪色・変色が著しいため注意したい。漆工や陶磁器などとは異なり、染織には保管のための専用の桐箱が誂えられることはほとんどない。光を遮断するためには箪笥に納める。染織専用の箪笥を新調する場合には、1 段1 段の引き出しの深さが浅いものをお薦めする。1 段に納める染織の数を少なくし、かつ、多くの引き出しを持つことによって1 つの箪笥に収納できる染織の数

を多くするためである（和箪笥を想像していただきたい）。また、修理などをした際に保存箱を作る場合もあるが、桐箱ではなく、中性紙でできた厚みのない箱にすれば取扱いが楽である。保管場所のスペースにもよるが、できる限り折りたたまないですむような広い箱を製作する。

写真11

　埃もまた眼には見え難いため油断しがちであるが、染織にとって注意が必要な有害物である。外気に舞う埃には汚れが付着している。器物であれば埃は払えば落ちるが、染織の場合、埃が繊維に絡みつくため、特殊なクリーニングを行わない限り埃は停滞する。その積み重ねが薄黒い汚れの原因となる。埃から染織を守るためにも、箪笥や中性紙箱への収納が良いが、平絹や和紙でできた畳紙で包んでから収納することによってさらに外気の埃から保護される（写真11）。

　本来、染織は折らずに平たく伸ばした状態で保管するのが理想である。その理由は、折り山に負担がかかり切れや劣化が進むからである。しかし、博物館において広げたまま保管することは収蔵庫の収納スペースの関係で事実上、不可能であろう。幸い、洋服と異なり小袖や広袖の衣服は直線裁ちが基本であるから、その形状が持つ直線にあわせて適切なたたみ方を心得ておけば、折りたたんでの保管も可能である（たたみ方については「2 　基本的な留意事項」を参照）。

　たたんだ作品は、引き出しの中にいくつも重ねることなく、1段に1～2点を納める。重ねると、下にある作品に重みがかかり繊維に負担がかかるため、切れや劣化のもととなるし、たたんだ部分の皺も強くなる。保管場所での長期にわたる積み重ねは厳禁である。

　たたんだ際、折り目に薄葉紙を棒状に丸めた枕を入れたり、重なり合う裂の間に薄葉紙や和紙を挟んだりするケースをよく見かける。保管場所の温湿度が安定している場合にはそれでも良いが、湿気がこもる可能性がある場所では、挟んだ薄葉紙や和紙が湿気を吸収し染織品に劣化やカビをもたらす危険があるため控えるべきである。また、従来は折り目に平絹に中綿を詰めた棒状の枕を入れる場合が多かったが、棒状であるとその部分のみが膨らみかえって曲がつく。棒状のものよりは折りたたんだ大きさに合わせた枕を入れることをお勧めする（前掲写真9）。

小袖
_{こそで}

　広義には袖口が小さく<ruby>袂<rt>たもと</rt></ruby>のある<ruby>垂領<rt>たりくび</rt></ruby>の着物のことで、振袖・打掛・<ruby>単衣<rt>ひとえ</rt></ruby>・<ruby>帷子<rt>かたびら</rt></ruby>・<ruby>間着<rt>あいぎ</rt></ruby>・<ruby>熨斗目<rt>のしめ</rt></ruby>なども広義の小袖である。また、能装束における唐織・厚板・縫箔・摺箔もまた、小袖形の装束である。狭義には、絹の袷仕立てで表地と裏地の間に真綿が入った着物（図解5: 小袖の部位の基本名称）。

広袖
_{ひろそで}

　織幅1〜半幅分の端袖と織幅1幅分の奥袖とを繋いだ、袖幅が広く袖口が縫いとめられずに開いたままの状態の衣服の総称。公家装束の<ruby>袍<rt>ほう</rt></ruby>・<ruby>直衣<rt>のうし</rt></ruby>・<ruby>狩衣<rt>かりぎぬ</rt></ruby>、武家装束の<ruby>直垂<rt>ひたたれ</rt></ruby>・<ruby>素襖<rt>すおう</rt></ruby>、能装束の<ruby>長絹<rt>ちょうけん</rt></ruby>・<ruby>法被<rt>はっぴ</rt></ruby>など。

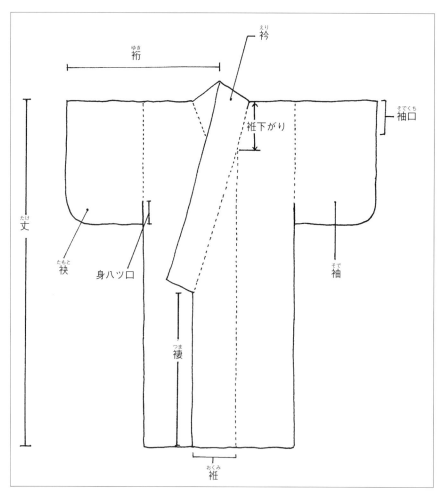

図解5　小袖の各部基本名称

13　古書・歴史資料

髙橋　裕次

1 基本的な留意事項

　書跡とは空海などに代表される著名人や能筆の筆跡を示すもので、鑑賞上の理由などから、巻子、掛幅装（掛物）や屏風などに仕立てられていることが多い。

　典籍は、一般に本を意味する用語で、国書（和書）、漢籍、仏典、洋書などがあり、さらに写本と版本に分けられる。形態は主に巻子と冊子であるが、巻子は披見の際の巻拡げが不便であることから、一定の間隔で折り畳み、披見に便利な折本という形態が考え出され、その背を表紙で包んだ旋風葉も登場する。さらに書写した料紙の面を内側にして縦に二つ折りし、その折り目の端に糊を付けながら重ねることで冊子にする粘葉装の他、綴葉装、大和綴などがある（章末の用語解説参照）。

　最も一般的な冊子の形態は、料紙を二つ折りし、その折り目のない側に穴を開けて糸で綴じた袋綴装である。典籍のなかで、特に平安時代以降の歌集などの文学作品の写本については、これを解体し、その断簡を掛幅装（掛物）などに仕立て、あるいは手鑑に貼り込んで、「古筆切」として珍重されるにいたった。

　古文書は、江戸時代以前に書かれた公私の文書、記録や絵図などで、伝来の過程において、所領などの権利を与えられたり、保証するといった重要な文書は、まとめて巻子に仕立てることが行われているが、「上杉家文書」のように、封紙や礼紙、切封、畳み方など、当初の姿に近い状態で伝わったものは、現状を損ねることのないように取扱う必要がある。

　歴史資料は、重要な歴史的事象や、特定の人物などについて研究するための学術資料を指し、その内容や形態は、他の分野と共通する場合が多い。材質も紙、木、布、金属、石、皮革、陶磁器などさまざまで、しかも混在することもあり、取り扱い方法が確立しているわけではない点に注意する。

　これらの取扱いに際しては、十分な広さのある机に毛氈などを敷き、さらに薄葉紙を広げた上で行うことが望ましい。毛氈にはクッション性があり、万が一、部品が脱落した場合でも、ショックを軽減することができる。また開披した冊子を重ねないことや、頁を丁寧にめくることは当然である。また、いずれの形態においても、必ず両手で取扱いを行う。資料を移動するときは、直接手で持ったままではなく、かよい箱やケースなどを利用する。

2 梱包・開梱

　事前に作品の状態を十分に確認する。

　文献資料の場合、まとまった数の中から一部を取り出して梱包するときは、まず題名や番号などによって作品を特定する。作品を収納する保存箱の中には、極札（きわめふだ）などの付属品が収められていることがあるので、包裂などと同様に点検調書に内訳を記載しておく。

　巻子や冊子の表紙、見返しは、経年によって劣化、破損していることが多いので、慎重に拡げる。巻子や掛幅装（掛物）の巻緒が欠失している場合は、薄葉紙などでつくった紐で本体を巻いておくことで、落下などの不慮の事故による損傷を防ぐことができる。掛幅装（掛物）を壁などに吊り下げるための掛緒は、傷みなどの状態によっては取り替えるが、緊急を要する場合はテグスなどで補強する。

　なお巻子や掛幅（掛物）には通常、軸が付けられているが、軸木に接着してある軸首（軸端）が取れかかっていることもあるので、専門の技術者に修理を依頼することになる。これらの手当を済ませ、安全な状態で梱包を行う。

　冊子は綴じ糸が劣化して切れていることがある。また虫害や湿気による本紙の劣化、損傷が著しい場合、開披の際に本紙の一部が脱落することがあるので、点検や梱包は薄葉紙を拡げた上で行い、もし脱落したときは、もとの場所を記載したメモと共に別保管とし、後日の修理に備える。また、文中に注などを加えるために付された押紙（おしがみ）、付箋（ふせん）などの小紙片が、糊の膠着力がなくなって剥離する場合があるので、同様に保管する。これは古文書の場合も同じである。

　なお、本紙に界線などが施されているときは、緑青焼けによる亀裂などが生じて本紙の一部が脱落することもある。

　巻子、掛幅装（掛物）、冊子などを梱包用の段ボール箱に収める場合は、大きさによってグループ分けして梱包する。冊子は付属の帙（ちつ）があれば、それに入れるのが安全であるが、無い場合は段ボール紙を少し大きめに裁断し、薄葉紙で覆ったものを2枚用意し、冊子を挟んで帙の代用とする。

　古文書などで畳んであるものは、畳み方を変えないように取扱いに注意する。特に大型の絵図などは畳み方をわかるように、拡げる際に図を作成し、もと通り畳めるようにしておく。誤った畳み方をすると、付属の保存箱に収まらなくなる。

　歴史資料では、例えば「キリシタン関係遺品」などの場合、長崎奉行所が信者より没収した金属製の十字架などが紐で一括されていることが多く、箱の中で互いが擦れあったりしないようにする。また板踏み絵は付属の保存箱に入れて梱包すると、踏み絵の重量によって箱が破損する恐れもあるので、別々に薄葉紙で包んだ後、それぞれの大きさにあった段ボール箱に入れた上で、まとめることを考える。

　羊皮紙（ようひし）を使用した「航海図」などについては、湿度の大きな変化をできるだけ避けるた

め、二重箱などを利用する。また「旧江戸城写真帖」は、鶏卵紙にプリントした写真をアルバムに貼り付けたものであるが、綴じが破損しており、写真同士が擦れないように添えてある入紙などの皺にも気を配る必要がある。

3 展　　示

展示を行う前に、展示台や壁面などにピンなどが残存していないかどうかを確認する。その際は、懐中電灯などの光線を斜めから当てると見つけ易い。巻子や掛幅装（掛物）の場合は、絵画と重複する点が多いが、保存上の理由から太巻添軸（太巻き）や巻き止めなどを使用しているときは、展示の際に外すことになるので、他のものと取り違えないようにするため、番号札を添えて整理し、まとめておく。

巻子、冊子などを傾斜台に展示するときは、本紙、表紙、軸などをピン付きのブロックなどを用いて固定する際に、強く押さえすぎて作品に負担をかけることのないようにする。冊子は無理に開こうとすると、綴じ糸が切れたり、本紙に折れが生じることになるので、作品の形状などに見合った専用の展示台を作成する。特に粘葉装は、糊代のある頁は避けて、できれば見開きの頁を展示するようにする。手鑑のように重さで動く可能性のあるものは水平状態で展示をすることが望ましい。また手鑑は、拡げて展示したときの本紙の面ができるだけ水平に揃うように、下部に高さを調整するための紙を置くなどの配慮が必要である。

羊皮紙の航海図など、湿度の変化によって形状に影響が出やすいものは、二重箱の場合であれば、内箱に入れたままで展示できるようにしておくことも検討する。

いずれの形態においても、本紙に使用する掛算は、必要以上に重いものは避ける。また大型の古文書、絵図などを傾斜台に押さえるに際して、アクリル板を使用する場合もできるだけ本紙に負担をかけないように工夫する。

洋書は表紙に皮革を使用しているものが多く、経年の劣化によって背表紙が弱っていることがあるので、慎重に取り扱う。特に展示の際、開き過ぎると綴じ糸が切れたり、表紙が脱落する恐れがあるため、それぞれの本に合わせた専用の展示台を作成し、負担を軽減する必要がある。

用 語 解 説

巻子装（本）

巻子、巻物ともいう。絹や紙を横に長く継ぎ合わせて、首に表紙、末には軸を付けて巻き込んだもの。

掛幅装

掛物、掛軸ともいう。書画などを壁などに掛けて鑑賞できるように表具に仕立てたもの。

表具には、仏画表具、大和表具、文人表具などがある。

国書

和書ともいい、日本人が著述、注釈、編纂した書物。漢籍、洋書に対する語。

漢籍

中国及び周辺の民族が漢文によって著述した典籍の総称。

写本

書き写した本。書写本、筆写本、抄本、書本ともいう。版本（刊本）に対する語。江戸時代以前の写本を古写本、古抄本ということもある。

版本（刊本）

近代印刷以前の印刷本を版本、刊本とよぶ。印刷方法によって版本と活字本とに区別され、板木で刷った本を版本、刊本、摺本と称している。

版心（はんしん）

柱ともいう。版本で印刷された料紙の中央、折目に当たる細長い枠の部分。枠内に刻字数、略書名、丁数、刻工名などが刻字される。版心の上下端にある欄内に縦の黒線がある場合は黒口、ない場合は白口と呼び、略書名の欄の上下に魚尾形の模様がある場合は魚尾（ぎょび）と称している。

自筆本

典籍などで著者自身が筆写した本をいう。

流布本（るふぼん）

広く一般に利用されている本を流布本とよぶ。同じ本でも本文の内容が流布本と異なるものを異本（いほん）という。

取合せ本

欠けている巻・冊を他の本で補って一部にとり揃えた本。

残巻

写本、版本ともに全巻が揃っているものを完存本、完本といい、一部が欠落しているものを欠本、欠失が半分以上の場合は残巻、零巻などとよび、ごく一部分のときは断簡、零葉とすることが多い。

跋

編著など成立の由来を、末尾に付け加えた文章。

折本装

巻子装は披見のための巻き拡げに不便なため、料紙を一定の幅に折り畳んで折本装に仕立てることが行われた。現状で折本装のなかにはもと巻子装のものがみられる。

折本装

旋風葉

折本装を一枚の表紙で、前後及び背を包んだもの。表紙を軽くつまんで拡げると、中からひらひらと紙が出て旋風のようだというのでこの名前がついた。のちには背を糊付けすることが行われた。

旋風葉

粘葉装

料紙の文字を書いた面を内側にして縦に二つ折りし、その折り目の端に糊を付けながら重ねることで冊子にする。頁をめくると蝶が羽ばたくような動きをすることから、胡蝶装ともよばれる。表紙は、前後を続けて１枚で包んだくるみ表紙（包背装）が、平安時代にみられる。元は内面書写であったが、わが国では両面文字が多い。

粘葉装

綴葉装

列帖装ともいう。料紙を数枚ずつ重ね合わせて縦に二つ折りし、いくつかの括りを重ねて、表紙を加え、糸で綴った冊子本。大学ノートに近い形式である。平安時代に国文学の隆盛にともなって成立した製本法で、両面書きをするのが通例である。

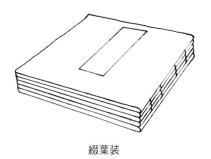

綴葉装

袋綴装（本）

各料紙を縦に二つ折して重ね、折目の反対側の端から一センチ前後のところに穴をあけて、糸で綴じたもの。料紙が袋状になることから袋綴とよばれる。綴じ穴の数や形状によって、四穴は明朝装、四穴の変形は康熙装、五穴を朝鮮装と呼んでいる。これらの装幀の綴糸は縦一線になるので漢籍では線装本とも称する。

手鑑

「手鏡」とも記される。経典や古書などの断簡を収集し、貼り付けた冊子。折本装のものが多い。

消息
しょうそく

手紙のこと。仮名及び仮名交り文のものを消息とよび、漢文体の書状と区別することもある。

封紙

文書を発するに際して、上包みとして用いられた紙。懸紙ともいう。後世に加えたものは包紙として区別する。

礼紙
らいし

書状の本文を書いた本紙に、同じ白紙を添えたもの。相手を敬う意味から添える。

切封
きりふう

書状などの封式の一つ。料紙の袖（右端）の三分の二ほどを下から切って紐状にしたもので、奥（左端）から折り込んだ料紙を巻く方式。その上に墨で封をすることを墨引という。

題名

いわゆる書名のことで、表紙に記した題名を外題といい、表紙の左肩、中央に貼付した紙に記したものを題簽（箋）とよぶ。また、本文の前後にある題名を内題といい、本文のはじめにあるのを首題、終わりにあるものを尾題とよんで区別する。

極・極札

江戸時代に古筆鑑定家が出した筆跡鑑定書。その多くは筆者をその時代における歴史上の有名人に比定している場合が多く、今日ではそれらを伝称筆者とよんでいる。

表紙

書物の本文料紙の保護のため、外側に付された紙あるいは裂で、巻子装は料紙の右端に糊付し、表紙の左端には八双（竹、金属製）を添え、紐が付される。

見返し

前表紙の裏。巻子装や冊子装では、見返しに金銀で装飾を施す場合があり、仏典の見返しに描かれた絵で、その内容を示すものは、経意絵とよばれる。

巻緒

巻子や掛幅（掛物）などを巻いて収納する際に、最後に本体に巻くために付けられた紐。

掛緒

掛幅（掛物）などを壁に掛けるため、表具に取り付けてある紐。

軸

巻子装や掛幅に付ける軸は、木製の素軸の場合もあるが、多くは軸木と軸首（木、玉、水晶、牙、金属など）より構成される。平安時代中期以降は、料紙の高さに応じて伸縮できる合せ軸も使用された。軸はその形によって切軸、撥形軸、八角軸、突頂軸、印可軸などに区別される。

軸付紙

巻子本で、軸木を付けるため、本文料紙の末に補った紙。

押紙

紙片を書物、文書などに貼り付けること。裏面の全体に糊を付けて貼った紙片を指すこともある。

付箋

本文中で、疑問や注意すべき部分に要点を書いて貼り付けた小紙片。糊は紙片の上部などに付け、ぶらぶらした状態が多いため、糊離れや脱落に注意する必要がある。

界（罫）

本文の上下や行間を揃えるために料紙に施した縦横の線を界（罫）または界（罫）線という。界線は墨線が多く、薄い墨色の線を淡墨界といい、金、銀、緑青、朱の界線のほか、ヘラ状のもので押しつけて引いた押界（白界）、折目で示した折界なども見られる。

太巻添軸（太巻き）

巻子や掛幅（掛物）は、巻き拡げを繰り返すことで、折れ皺が生じるが、折れが進行すると亀裂につながる。太巻添軸は、本来の軸の上に、桐製などの太い巻軸をかぶせて、巻きを太くすることで、折れを緩和するための補助具である（8 掛物 写真12参照）。

卦算

巻子などを閲覧したり、展示する際に拡げた本紙を押さえるための用具。通常の文鎮の役目をするもので、多くは硝子製であるので、破損に注意する。

14 考古資料

井上　洋一

1 基本的な留意事項

　考古資料は、土器、埴輪、陶磁器、石器、木器、金属器、ガラス器・骨角器など、さまざまな素材と形からなる。

　資料は時間の経過とともに劣化する。したがって、一見丈夫そうに見える資料も時間に比例してかなりのダメージを負っていると考えた方がよい。また、考古資料は、発掘調査や、その他さまざまな要因により地中ないし海中などから偶然に発見されたものである。それ故、考古資料には、もちろん当時の状態に近い完形品もあるが、破片を繋ぎ合わせたり、欠損部を石膏や合成樹脂などで補いながらもとの形に復元されたものが多く、取扱い者は、見た目とは違う資料の脆弱性をしっかりと認識しておかなければならない。

　まず、土器類は、いくつもの破片を接合した資料が圧倒的に多い。そして大型の縄文土器や埴輪は、その接合面が劣化している場合、自重によって多少の振動でもろくも崩れてしまうものもある。また、金属器は見た目頑丈そうに見えて、実は脆弱なものが多い。取扱いにはX線写真を参考にしながら、学芸員など専門家の指示にしたがい行うべきである。以下、土器、埴輪、石器、木器、金属器、ガラス器・骨角器など、その素材別にその取扱い全般について述べることとする。

2 資料の取扱いと展示

（1）　事前の状態チェック

　まず大切なのが事前の資料の状態チェックである。考古資料の取扱いには、まず、その状態をくまなくチェックする必要がある。この作業を怠ると資料を損壊する大きな事故につながることもある。チェックにはX線写真をもとに行う場合もある。こうしたチェックを経た上で、それぞれの資料に向き合うことが重要である。

　このチェックに関しては、担当の学芸員とともにその資料の状態が記入された「点検調書」の内容を確認しながら作業を進めることが望ましい。この点検調書の様式については、画一的なものはなく各博物館の状況に合わせ、それぞれの学芸員が作成しているのが現状である。取扱い者はとにかくその資料の状態をよく把握している学芸員の指示に従い、作業を行うことが重要である。

（2）　資料をどう持つか

　資料を持つ場合には、必ず両手で持つことが大切である。

　このとき素手で扱った方がはるかに資料の安全が確保されると判断された場合には素手
で行う。この場合、きれいに洗った手で扱うことが前提となることは言うまでもない。

　しかし、資料を扱う場合には、素手ではなく、白手袋を使用すべきと主張する人もいる
が、これはケース・バイ・ケースである。なぜなら、白手袋をすることにより、滑りやす
く危険度を増す場合があることや、手袋の繊維が資料に絡み、それ自体を傷める可能性も
あるからである。

　また、欧米でよく用いられる手術用のゴム手袋も手の感覚を鈍らせたり、素材がゴムで
あるが故に資料に触れたとき微妙な摩擦抵抗が生じ、資料自体を傷める可能性のあること
も認識しておいた方がよい。

　要は、それぞれの資料をよく見極め、臨機応変に対応することが大切である。

　なお、小さな資料は片手で持つしかない場合がある。その場合には、もう一方の手を必
ず資料の下に携えるように心がけたい。

　また、資料はわずかな距離でも原則として引きずらず、持ち上げて移動させることを習
慣づけるべきである。こうした小さなことが資料を守ることにもつながっているのである。

（3）　土器・陶磁器の取扱い

　考古資料の中でもっとも一般的なものは土器である。土器には縄文土器・弥生土器・土
師器などがあるが、須恵器や陶磁器類もこの土器の取扱いと同様である。

　まず、先にも述べたように、全体の状態確認から行う。ヒビ・キズ・付着物等の確認を
行うとともに接合部や補填部がしっかりした状態であるかどうかの確認を行う。

　良好な状態と判断された場合、それを両手で持ち上げ移動する。このとき縄文土器や装
飾須恵器等に見られる突起・把手・装飾部分などは決して持たないようにする。こうした
部分はきわめて弱い部分だからである。同様に口縁部のみを掴み、持ち上げるような持ち
方はきわめて危険であり、厳に慎むべきである。

　また、土器の表面の観察によって繊維や彩色・付着物等が確認できた場合、その部分に
直接触れることも避けなければならない。それはきわめて貴重な情報を消し去ってしまう
可能性もあるからである。

　なお、土器を調査台や展示台等に置く場合には、まず両肘をつき、その後、ゆっくり土
器を下ろすよう心がける。

　特に立体物の場合、どの面を正面に向けるかなど、事前に担当学芸員の指示を仰ぐよう
にし、展示の時にはケース内で方向を何度も変えないように心がけたい。資料は動かすた
びに危険を伴うということを肝に銘じたい。

　例えば、形状的に重心が比較的高い位置にある縄文時代の深鉢形土器などは、そのまま

展示すると転倒の恐れがある。それ故、重心を下げ、安定した状態にするために、土器の内部に重り（砂等を袋に入れたもの）を入れる。また底部が安定しないものには適宜、楔を入れ安定させる。その上で地震対策のひとつとして、四方からテグスで資料を結び展示台に固定させる。この時テグスが資料に触れる部分には資料の保護のためにビニールチューブやフェルト等をあてがう。

　土器の展示には五徳やアクリルリングを用いて手軽に安定感を持たせた資料展示ができるが、全体的な見た目の美しさや資料自体の美しさを損なうという面もある。また、重量物の場合、こうした展示具と資料の接触する部分にはかなりの加重がかかり、思わぬ損傷を招くこともある。こうした場合、展示台に支持具を取り付け、それに資料を固定する方法をとる。この方法は手間がかかるが、見た目にも美しい展示ができる。地震対策には免震台の使用も望まれる。

(4)　埴輪の取扱い

　埴輪は円筒埴輪と形象埴輪に大別される。円筒埴輪には円筒の単純な形のものと朝顔のような形をしたものがある。また形象埴輪には家形埴輪・器財埴輪・動物埴輪・人物埴輪がある。

　円筒埴輪の取扱いは、土器同様、まず全体の状態チェックを行った後、その胴部に設けられた孔に指をかけ、両手で持つ。形象埴輪も同様に全体の状態チェックを行った後、形象埴輪の基部に設けられた孔に指をかけ、両手で持ち上げる。このとき対象となる埴輪が比較的小さなものであればひとりで持つことが可能であるが、大型のものは重量もかなりあり一人では危険である。この場合には二人で持つようにする。

　ただし人物埴輪などの場合、腕や頭部を持つことは避けるべきである。これらは胴部に後付されたものが多く、その接合部はきわめて脆弱だからである。このほか、人物埴輪や器財埴輪には複雑な形のものが多く、さまざまな部分に突起物もあり、その取扱いは一人で行うのではなく、二人以上で互いに注意し合いながら進めるとよいだろう。

　円筒埴輪や器財埴輪・人物埴輪は重心が高く、不安定なものが多い。展示に際しては展示台に心棒を設け、それに綿布団等を巻きつけ、それに埴輪を差し込むようにして展示する。地震対策には免震台の使用が望まれる。

(5)　石器の取扱い

　石器は石という素材のためか、その取扱いに関してはあまり注意が払われない場合が多い。しかし、石器の中には石鏃・石斧・彫器・掻器・ナイフ形石器・細石器など鋭い刃部を持つ石器の取扱いにおいては十分注意を払う必要がある。

　特に注意することは、刃部には極力触らないようにすることである。素材自体が石であるため一般には硬く丈夫なイメージをもつが、こうした石器の刃部はきわめて鋭利に仕上

げられているため、その部分に強い力がかかると簡単に折れたり、割れたりしてしまう。しかし、こうした石器の刃部にはさまざまな情報が残っているのである。その刃部を顕微鏡等で観察することにより、当時この石器が何に使用されていたのかという貴重な情報を得ることもできるのである。したがって展示の際にも刃部に注意した展示を心がけるべきである。

(6) 木器の取扱い

木器の場合、樹脂含浸処理や凍結乾燥処理といった化学的保存処置が施された資料であれば他の考古資料と同様に扱うことができる。しかし、樹脂含浸処理を行った資料はかなり重くなっているため、展示の際にはその重さを考慮しなければならない。

(7) 金属器の取扱い

金・銀・銅・鉛・錫・青銅・鉄といった素材で作られた数々の考古資料。主に金・銀は装身具や飾り金具に、鉛・錫は一部装身具に、青銅は、銅鐸・銅剣・銅矛・銅戈・銅鏃・銅鏡・銅釧などに、そして鉄は、剣・矛・大刀・甲冑・盾・各種農工具などに用いられた。こうした金属器の取扱いはきわめて厄介である。それは、その大部分が錆びてかなり脆弱な状態になっているからである。

金属器を取り扱う場合、事前にX線撮影を行い、その状態を把握するのが望ましい。金属器には目には見えないヒビが縦横に入っている場合があるからである。特に金属器を扱う場合にはどこをどういう具合に持ったらよいのかなどを担当学芸員に指示してもらった上で作業を行うようにする。間違っても自分の判断のみで作業を行うべきでない。

以下、金属器の代表例の取扱いについて述べる。

①銅鐸

まず、全体的な状態のチェックを行う。X線写真がある場合には、それと実物を見比べてチェックを行うとよいだろう。

銅鐸は身とそれを吊り下げるための鈕からなる。その構造から、つい鈕を持って持ち上げてしまいたくなる。しかし、これは厳禁である。長い年月の間に錆び付いてしまった鈕は、その身を支えるだけの状態にはないものがあるからである。また、重量があるからといって身の裾端部に手をかけて持ち上げるのも好ましくない。その部分も同様に脆弱な状態になっているものもあるからである。

銅鐸は小型から中型までなら一人で扱える。銅鐸を持つ場合は、両手で身の側面をおさえて持ち上げる。置く場合には、まず両肘をつき、その後、ゆっくり銅鐸を下ろすよう心がける。これは銅鐸を横に倒して内部の観察をする時も同様である。

しかし、大型の場合は一人で取り扱うのは無理である。少なくとも二人で作業を行うべきである。銅鐸を中心に左右にわかれ、一人が身の上部を、もう一人が下部を両手で挟み

込むように持ち上げ移動する。この時、銅鐸の側面にある鰭及び飾り耳には触れないよう十分に注意する。

　銅鐸の展示には、埴輪と同様、心棒に差し込む方式のような展示が望ましい。また、免震台の使用も望まれる。

②銅剣・銅矛・銅戈・銅鏃

　銅剣・銅矛・銅戈・銅鏃などを取り扱う場合には、銅鐸同様、全体的な状態をX線写真と合わせてチェックするとよいだろう。また、こうした資料に関しては特に刃部に気をつける必要がある。青銅器の刃部はかなりもろく、ちょっとした衝撃で破損してしまうからである。したがって、刃部は極力持たないようにする。同様に展示の際にも刃部に注意した展示を心がけるべきである。

③銅鏡

　銅鏡に関しても全体的な状態のチェックにはX線写真を用いるとよいだろう。その取り扱いについて、特に注意すべきは、①鈕を持たない。②置くときには細心の注意を払いゆっくり丁寧に置く。薄い円盤状を呈した銅鏡は、ちょっとした衝撃でも割れてしまう恐れがある。また、銅鏡には特に布や赤色顔料が付着した例が多い。取扱いに当たってはそれらの剥離・脱落等にも気をつけるべきである。

　銅鏡を展示する場合、ケース内に平置きであれば問題ないが、傾斜台に置く場合には必ずピンや受け具で支持すること。その際には資料が直接当たる部分にはビニールチューブやフェルトといった緩衝材をあてがうことも忘れてはならない。これは鏡立を使用する場合も同様である。

　鏡立は簡便に銅鏡の展示を行うことができる展示具である。銅鏡を単にそれに立てかけるだけでよい。しかし、これを使用できるのは、銅鏡の周縁部の状態が良好なものだけであるということも認識しておきたい。

④鉄器

　最も注意すべき資料は鉄器である。見た目は刀剣・斧・農工具・甲冑といった形を呈しているが、それは錆の塊と化しているものが多く、化学的処理前の鉄器はその取扱い方を間違えれば粉々になり、原形さえわからなくなってしまうものさえある。化学的処理が行われるまでは動かさない方が無難である。

　しかし、どうしても移動しなければならない場合には、直接手で持つのではなく、添え具を用意し、資料の一点に圧力がかからないような工夫をすることが必要である。

(8)　その他

　その他、金・銀で作られた片手で簡単に持つことが可能な小さな装身具も、片方の手は必ず資料の下に携えるような心配りが必要である。こうした点は他の小さな考古資料を扱う場合にも共通して言えることである。

①ガラス器

　ガラス器も取扱いは厄介である。特に表面が銀化したものは、化学的保存処置が施されていない場合、少し触れただけでも表面の剥落等の危険がある。さらに薄手のものは注意深くそっと持つしかない。さもなくば掴むだけで破損の恐れがある。

　展示に際して、不安定な資料に関しては免震台の使用が望まれる。テグス等で資料を押さえる方法は、脆弱なガラス器には不向きである。

②骨角器

　木器の場合と同様、樹脂含浸処理など化学的保存処置が施された資料であれば他の考古資料と同様に扱うことができる。しかし、その処置が施されていない場合には、持ち方の基本に準拠し、細心の注意を払い作業を行う必要がある。

３ 梱　　包

　考古分野の梱包に関しては、基本的には陶磁器・金工分野に準ずるが、ここでは特に、取扱いが厄介な銅鐸と埴輪の梱包について解説しておこう。

　なお、梱包に関しては、事前にどのように資料を梱包すべきかを資料の状態も含め担当学芸員と相談・検討しておくとが望ましい。それによって事前に梱包材料を揃えておけば、梱包時の作業をスムーズに進めることができる。

〈銅鐸の梱包〉

①　梱包をする場合、まず担当学芸員とともに資料の事前の状態チェックを行う（「２(1) 事前の状態チェック」参照）（写真1、2）。

②　銅鐸の重量に耐えられる木箱状のベース（「枡箱」「枡型」「受け箱」などと呼称される）

写真1

写真2

を用意し、その内面底部に段ボールを敷く。次に銅鐸の裾のサイズを勘案し、ベースの内面に沿って発泡スチロールを貼る（写真3）。

③　ベースに綿布団を十字に置く（写真4）。

④　ベース中央に慎重に銅鐸を置く（写真5）。この場合、銅鐸は左右から二人で持つ。一人は銅鐸の身の上部中央を、もう一人は身の下部中央を持つ。間違っても鈕（吊り手部分）・鰭・裾の部分は持ってはいけない。

⑤　綿布団の端部を折り込み、銅鐸の裾の安定化を図る（写真6）。

⑥　L字型の木枠（L型）を用意。木枠には発泡スチロール・「エサフォーム®」・綿布団等を銅鐸の身の上部と下部の位置に設置。また銅鐸のベースが跳ね上がらないように木枠の両側面には添え木を設置する（写真7）。

写真3

写真4

写真5

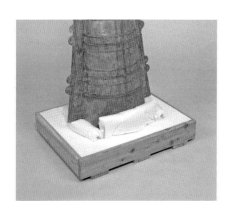
写真6

写真7

写真8

⑦　ベースに納まっ
た銅鐸を慎重にL
字型の木枠にセッ
トする（写真8）。

⑧　銅鐸の鰭の部分
を綿布団を丸めた
もので保護する
（写真9）。

写真9

⑨　銅鐸の身の上部
を綿布団・スポン
ジで保護し、さら

しと麻紐で銅鐸をL字型の木枠にしっかりと固定す

る。最後に銅鐸のベースの飛び出しを防ぐため、ベー

ス自体をしっかりと木枠に固定する（写真10）。

写真10

⑩　これを段ボール箱に納めて完了。

〈埴輪の梱包〉

①　梱包をする場合、まず担当学芸員とともに資料の事前の状態チェックを行う（「**2**(1)
事前の状態チェック」参照）（写真11、12）。

②　埴輪の脚部を囲める大きさの段ボール箱を用意。底部にはクッション材を貼りつけ
る。側面が四方に開くように加工を施す。埴輪が設置されるベースに綿布団を置く（写
真13）。

写真11

写真12

写真13

③ ベース中央に埴輪の脚部を包む薄葉紙を敷き、そこに埴輪を慎重に置き、薄葉紙でその脚部を包む（写真14）。埴輪は左右から二人で持つ。両者、埴輪の脚部側面にある孔の部分に片手をかけ、もう一方の手で肩を押さえ慎重に持ち上げる。この場合、間違っても腕や庇状に突出した座面・基底部は持ってはいけない。

④ 埴輪の脚部に合わせて切り込みの入ったスポンジを5段重ねにし、脚部を覆い、四方に開いた段ボール箱の側面を閉じる（写真15、16）。

⑤ L字型の木枠（支え）を用意。木枠には発泡スチロール・「エサフォーム®」・綿布団等を埴輪の背中の位置に設置（写真17）。

⑥ 段ボール箱のベースに納まった埴輪を慎重にL字型の木枠にセットし、段ボール箱を木枠に帯状の紐で固定する（写真18）。

埴輪の胸部を綿布団で保護し、帯状の紐で埴輪をL字型の木枠にしっかりと固定する（写真19）。

⑦ これを段ボール箱に納めて完了。

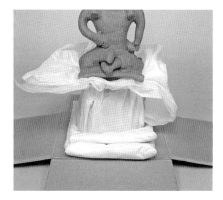

写真 14

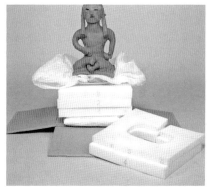

写真 15

写真 16

写真 17

写真 18

写真 19

④ 輸　　送

　基本的には陶磁器・金工分野に準ずる。

　ただし、先にも述べたように、考古資料には、もちろん当時の状態に近い完形品もあるが、破片を繋ぎ合わせたり、欠損部を石膏や合成樹脂などで補いながらもとの形に復元されたものが多い。そのために、陶磁器や金工品よりもさらに衝撃が直接資料に及ばないような梱包を担当学芸員とともに考えるべきである。

⑤ 開　　梱

　基本的には陶磁器・金工分野に準ずる。

　特に梱包材料は一括して、資料の返却が確実に終了するまでは必ず保管するよう徹底する。

⑥ 保存管理

　基本的には陶磁器・金工分野に準ずる。

⑦ 終わりに

　以上、大まかではあるが、その素材別に考古資料の取扱いについて述べてきた。その結果、素材が違ってもその取扱いは基本的には同じであるということは確認できただろう。

　しかし、単に資料の取扱い方だけを学んだだけでは、資料は守れない。要は、安全を最優先させ、資料を大切に思うという意識を如何に自分の中に植えつけるのかが重要なのである。こうした意識があってこそ、体も動くのである。

15 彫　　刻

岩田　茂樹　・　浅見　龍介

　彫刻の素材には、木、金属、石、漆、土などがある。日本の彫刻は、江戸時代以前は仏像、神像などの宗教彫刻が大多数を占め、素材としては木が圧倒的に多い。近代以降は、ブロンズと木が拮抗する。素材別により、扱い方が異なる点もあるが、まず、もっとも基本となる木造彫刻の梱包から輸送、展示の諸段階において留意すべき点について、展覧会（特別展等）のために寺院から木造の仏像を借用するという設定において記述する。その後、他の素材の注意点を記す。

■1 借用の際の注意事項

（1）服　装

　梱包に当たっては、ネクタイの処理等心がけなければならないことがあるが、輸送会社の作業員であれば、作業にふさわしい身軽なユニフォームを着用しているだろうから、基本的にはその服装でよい。ただし、腕時計や指輪は外さなければならないし、胸ポケットには何も入れてはいけない。梱包に必要な道具を腰に吊り下げている人もいるが、作品に近づく際には外すべきだ。

　また夏期など作業着の袖口をゆるめたくなるものだが、袖口のボタンははめるか、きっちり折り上げるかのどちらかであること。汗かきの人は鉢巻きをする必要もあろう。

　仏像を安置している須弥壇等には漆が塗られていることが多い。これがまだ新しい場合、とても滑りやすい。靴下をはいた状態での作業となろうから、充分な注意が必要だ。5本指の靴下も有効だろう。仏像の置かれた壇に上るのだから清潔を心がけるのは言うまでもない。

　また、伸びた爪は作品に傷をつけかねない。前日の夜までには切っておく。仏像に触れる前にはよく手を洗い、充分に乾かしておく。作業すれば手は汚れるものだが、礼拝の対象である仏像に触れるのだから、敬意を払ってほしいし、実際に手の脂などで像の表面を汚すことがあってはならない。立ち会われている関係の方々に安心して任せてもらえるような振る舞いが必要である。

　白手袋の着用については、ケースバイケースで判断が求められるが、手を滑らせたり、逆に像の表面を痛める危険性があるので、基本的には小型の金銅仏などに限るべきだろう。所蔵者にその旨を説明し、了解を得るという手順を踏む。

（2）　梱包の準備

①　像周囲の整理

　仏像の梱包にはある程度のスペースが必要だ。須弥壇の上に安置されている仏像の場合、外陣まで運んでこなければならないが、障害物は移動する必要がある。前机の上の香炉や燭台、華瓶、三方、また礼盤、磬、木魚等の梵音具など。

　これら仏具は往々にして柄で組み合わされているのみで、釘等で固定されていないことが多いので、一番下から持ち上げるのが原則だ。また、作業が終了した後、仏具類を元の位置に戻せるようにも気を配る。場合によってはデジタルカメラで現状を記録するのも有効だろう。

②　像の観察

　仏像を動かす前には最初の点検作業が待っている。像表面の彩色や漆箔が浮いていないか。虫食いなどで脆くなっていないか。矧ぎ目が緩んでいないか。どこを持てば安全か慎重に判断しなければならない。また移動中に脱落しそうな箇所がないかどうか。

　装身具、持ち物、両手首先などが外れないか確認し、外れる部位はあらかじめ外し、別梱包する。持ち物など、突出していたり、少し動くにもかかわらず外れない場合には逆に仮梱包して固定することもある。装身具が揺れて像表面を傷つける恐れがある時は、梱包する。胸飾りのように像表面に密着しているものは、揺れる部分に薄葉紙を挟むとよい。

　時には光背が厨子内の後壁に針金で縛りつけられていたりするので、これも注意を要する。

　仏像の持ち方は、像高1メートル程度までの立像であれば、両肩を挟むようにして持ち上げるのが原則である。等身大の坐像なら、二人が像の左右につき、肩に手をかけて像を少し後ろに倒し、膝裏と背中に手をかけて持ち上げる。

　しかし、これは原則であって、作品個々の状態に応じて取扱いは変わる。例えば、木彫でも一木造の像と寄木造の像では重さに差がある。また樹種によっても重さは異なる。カヤ、ケヤキ、サクラなどを用いた一木造の像は等身大の像でも三人以上で扱う必要がある場合もある。像を持つときに、一度少しだけ持ち上げて重さを確かめて判断する。

　また、坐像で稀に像の後方に薄い材を矧いで、台座の上に衣が広がる様子を表したものがあるが、この場合後ろに倒してはいけないことは言うまでもない。立像と同じように両肩を挟むようにして水平に持ち上げ、薄いものを挟むなど工夫をして指が入るようにすればよい。

　外陣に設けた梱包場所にはキルティング素材の毛布や巻段ボール紙などを敷いておく。後述の輸送用木枠をじかに畳や床に置くと傷をつける恐れがあるためだ。

　光背は台座の後方に穴をあけ、柄を挿しこんで立たせているのが普通である。光背

が像に寄りかかっていたり、逆に壁にもたれていたりする場合がある。また、台座が不安定で、像を先におろすと光背の重みに耐えられない場合もある。状況次第で、最初に光背を外すこともある。その場合、後壁と像の狭い隙間をぶつからないように移動させるためには、左右両側に人が立ち、安定した部分を持って一人が上の方、もう一人は下方を持って柄を抜き、その後広い側の人が垂直に立てた状態で受け取って運ぶのが基本である。

　台座は蓮の花を表した蓮台以下、多いものでは八重に重ねられたものがある。通常中央に心棒が通っているので重なったままで運ぶことができるが、持つ前に安全に運べるかどうか確認する必要がある（巻末資料5参照）。

（3）　点　　検

　仏像を梱包場所に移動させたら、第2段階の点検に入る。今度は、すでに破損していたり、傷のある箇所をチェックし、さらに安置場所ではよく見えなかった部位まで目を光らせ、脆弱な箇所がないか調べ、記録する。これは集荷の責任者である学芸員の仕事であるが、持った時に感じたことは学芸員に伝える。像底の確認のためには綿布団等の養生材の上に像を寝かせる場面もあるだろう。

（4）　梱　　包

　点検が終わって、はじめて梱包の作業を開始する。

　仏像の輸送にはあらかじめ木製の枠を用意する。立像であれば「担架」、坐像の場合には「L型」（L型の木枠）と呼ばれるものである。当然、運ぶ仏像の大きさに合わせたサイズとなるので、あらかじめ仏像の寸法を把握しておくことが肝要だ。

　仏像本体の像高は既存の資料等でわかるが、台座や光背の大きさは通常書かれていない。早い段階で下見を行い、採寸しておくのが理想である。担架、L型を作るためには像本体、光背、台座の高さ、幅、奥行きの採寸が必要である。さらに像のどこでそれらの木枠と固定するかを決めて記録し、担架の横木の位置を決める。立像の場合、足柄の長さを忘れてはならない。

　仏像を担架やL型に固定するのだが、いきなりくくりつけるのではない。まず取扱い上危険度の高い箇所を重点的に梱包し、破損の可能性を軽減させる。

　通常仏像で最も脆弱なのは手先だろう。細い指先はとても折れやすいし、接合された指は糊離れしやすい。顔を梱包するときには作業者の身体が像の手先に接近する。だから手先をまず最初に梱包するのが望ましい。

　梱包には薄葉紙と呼ばれる和紙を使う。薄葉紙は広げたままで物を包むこともできるし、丸めれば緩衝材（クッションの役をはたす）にもなり、細く裂いてよじると紐にもなる。また薄葉紙の中に、薄く広げた木綿綿を包みこんだ綿布団もよく用いる。綿布団は既製品

が売られているわけではないので、手作りしておかなければならない。薄葉紙で作った紙紐も同様だ。綿布団のサイズはほぼ一定（100 × 30cm）だが、ときに異なったサイズのものが必要な場合もある。紙紐の長さは薄葉紙の縦の長さだが、短い場合は結び合わせて使う。太さは既存のものを見て覚えるしかない。なお薄葉紙は繊維が一方向にそろっているものを用いないと、うまく裂けないし、よじっても強度が不足するので、質のよいものを用いること。

　手先の梱包がすんだら頭部に移る。やはり薄葉紙を主とし、大きい像であれば綿布団を併用することもある。螺髪が貼りつけの場合は脱落のおそれもある。事前にチェックは済んでいるはずだが、薄葉紙を引っかけないよう注意を払う。耳朶も細く、過去に破損して修理されていることの多い箇所である。緩衝材を当てる（養生する）べきかどうか、慎重に見きわめる。

　手先と頭部の梱包が済むと、立像は担架に寝かせ、坐像は「枡型」の上に載せることになる。「枡型」とは、蓋のない薄い木箱に発泡スチロール系の緩衝材を貼りつけたもの（「枡箱」「受け箱」ともいわれる）。その上にさらに薄葉紙を敷いた上にすわらせる。そして両脚部によく揉んで柔らかくした薄葉紙と綿布団、さらにウレタンを重ね、その上からサラシを数度巻いて枡型と仏像を固定し、最後に麻紐をかける。ちなみにサラシは伸び縮みしない素材なので、一度きっちり巻いてしまえばゆるむことはない。

　次に枡型にすわらせた仏像を枡型ごとL型に載せ、今度はL型と仏像とを像の胸部の位置で固定する。用いるのはやはり揉んだ薄葉紙と綿布団、ウレタン等の緩衝材にサラシと麻紐。像の背中を直接L型に当てることはできないから、L型の該当箇所にも綿布団その他の緩衝材を入れる。

　この後、L型を厚手の段ボール紙で作った箱に収める。箱に紐をかけ、梱包は終了する。もっとも、例えば海外への移送、長期間にわたる巡回展などであれば、さらに木製外箱を用意するが、今回は省略する。

　立像の場合には枡型はない。担架には通常、像の上背部と脛裏部辺に当たる箇所に横板を打ち付け、ここに緩衝材を重ね、その上に像を横たえる。固定の方法は基本的に坐像と変わりない。胸部と脛部あるいは足柄を養生したうえでサラシでくくりつけることになるが、像の形状や保存状態に応じて適宜、固定箇所を変更するなどの対応が求められる。

　なお、立像でも腰を折って上半身が前方に出る像など担架で安定させるのが困難な像は、場合によってL型に立たせたまま固定することもある。また、台座は別梱包とし、足柄の形に穴をあけた「エサホーム®」等に立たせる。

　光背はすっぽりと収まる箱に寝かせて、周縁部の反っている部分に綿布団ないしは薄葉紙で作ったクッションを入れる。中央の平坦で安定した部分と柄の2ヵ所で動かないように固定する。

　台座は枡型に入れ、蓮台は薄葉紙、綿布団等を巻いて蓮弁を養生し、板段ボールで蓮台

がすっぽり収まるように作った蓋をかぶせる。そしてサラシと紐で巻いて枡形に固定すればよい（章末参照）。

　心がけてほしいのは、常に同じ方法で良いと思わないことだ。見かけは同じようであっても、保存状態は個々の作品によって千差万別である。破損の危険の高いのはどの箇所であり、それに応じてどのような梱包が望ましいか、常に慎重に見きわめ、臨機応変の対処が求められる。

　この章の末尾に仏像の基本的な梱包の例を示したので参考にしてほしい。仏像の状況によって養生の方法、サラシの締め具合など臨機応変な対応が必要になる。

② 輸　送

(1)　積み込み

　美術品専用の輸送車は、エアサスペンションの使用により路面の衝撃を緩和させる構造をもつ。また荷室の壁には荷物を固定するためのフックが取り付けられている。このフックを使って、強化ナイロン製の帯（スリング）で梱包を終えた箱を固定する。このとき積載の方向への配慮が必要である。立像は足先を、坐像は背中を、進行方向に向かって前に向けるのが原則だ。横向きに積むのはタブーである。梱包は基本的に前後の動きを消去するように施されている。像に対して左右方向に恒常的な「揺れ」が生じるのは禁物だ。

　仏像は通常、像本体のほかに光背、台座などを伴うため、一件の作品で複数の箱となる。箱の数、また箱の固定に問題がないかどうかのチェックも行わなければならない。また荷室内には作品以外にさまざまな資材や道具が同居している。輸送中にそれらが作品に接触する危険性がないかどうかも確認したい。最後に荷室の扉の施錠を確認し、輸送準備は整ったことになる。

(2)　輸　送

　輸送車が走り出したらハンドルを握る運転手にすべてをゆだねざるをえない。しかしながら仏像の借用以前の打ち合わせ段階で、輸送についての協議もあってしかるべきだ。

　まずルートの問題がある。文化財、なかでも仏像に対しては、衝撃や揺れによる物理的な力を最大限軽減させるよう心がけるべきである。ルートに悪路が含まれていないか、あるいは交通事情の悪い道路が予定されていないかどうか。もし代替路があれば変更の要否も検討しなければならない。人命と同様、作品もこの世でただ一つだけの存在である。

　長距離輸送の場合は途中で休憩が入る。荷室内に異常がないかどうかのチェックを行う場合もあるし、輸送車から離れる際には再度施錠を確認する。食事等のため輸送車が無人になる場合には、食事中に目で監視できる場所に駐車するよう心がける。

　先に輸送車の荷室に仏像を積む方向について記したが、それはあくまで原則論である。例えば延々とつづく山道を登るような場合、足を前に向けた立像は頭頂の方向に、背中を

前に向けた坐像は胸部の方向に常に重力がはたらき、固定した部分に力が加わりつづける。距離によって、また上り坂の角度によっては積載方向を逆にするのがよい場合もありうる。

（3） 搬入・保管

　博物館に到着し、搬入口から館内に入った輸送車の扉を開け、梱包された箱の数を再度チェックしつつ、収蔵スペースに作品を収める。台車に載せる場合はバランスに留意すること。また台車でタイル敷きのフロアを横切ったり、エレベーターへの積み降ろしを行う際には振動が発生しがちなので、ベニヤ板等で平坦なルートを確保する必要もある。

　なお、寺院等の作品所蔵先と博物館内では温湿度等の環境に差があることが想定される。作品が急激な環境の変化によってダメージを受けることを避けるため、少なくとも数日間は収蔵スペースにおいて梱包を保ったまま保管し、ゆっくりと環境へ慣らしていく（シーズニング）ことが大切である。場合によっては、この後数日かけて徐々に開梱していくようなことも考えねばならない。また、シーズニングの期間は環境の差が大きいほど長くなる。

③ 展　　示

（1） 開　梱

　開梱に際しては、梱包時に最も神経をつかった脆弱な部位の扱いに気をつけたい。念入りな梱包は行ったが、輸送中に小さな部材や彩色が絶対に落下していないという保証はない。作品にじかに当てた最後の薄葉紙を外す際には、ゆっくりと慎重に手を動かす。

　梱包を解いた仏像も、すぐに展示台に載せるのではない。ここで再び点検を行い、異常のないことを確認する。ただし、手先の開梱は展示台に載せた後にした方がよい。なお、開梱は展示されるケースないし展示台の直近の場所で行い、「ハダカ」での移動距離を最低限とする。

（2） 展　示

　借用先の寺院で行ったときと同じような気配りのもと、開梱された仏像を展示台の上に設置する。展示台に仏像が載り、ようやく作業は終盤に近づくが、まだ完了ではない。

　仏像は長年の間に各部材にゆるみが生じたり、台座が失われて後補されていたりする結果、ときとしてまっすぐ立・坐してくれないことがある。特に立像の場合、この傾きが大変気になることもある。そのような場合には、木片や硬質ゴム、紙等の緩衝材を適当なサイズにし、これを足裏や台座の接合部に挟んで調整する。ここでようやく展示は終了する。

4 素材別の注意点

① 金属

　銅に金メッキを施したものがもっとも多く、鉄もわずかにある。基本的には丈夫な素材だが、錆、亀裂など弱い部分がないか注意は必要である。また、肩、手首などを別に造り、柄でとめている場合もあるので、分離しないか確認する。分離するものは別に梱包する。梱包は木彫像に準じるが、重いのでクッションは厚めにする。大型作品については省略する。

② 土

　塑像は重い割に脆いので、注意を要する。また、損傷した場合、復元が困難である。基本的には長距離輸送は避けるべきである。

③ 石

　石は重いので小型の作品以外は人力では無理である。リフト類を的確に使って移動する。梱包に使う素材は木枠、「エサフォーム®」、綿布団、薄葉紙など木彫像と大差ないが、作品の固定は「エサフォーム®」を当てた木をネジ止めして行うとよい。砂岩は脆いので、硬いものが直接触れないように注意する。

④ 漆

　麻布と木屎漆で造られた乾漆像は2種あり、中を空洞（心木を入れることが多い）にする技法を脱活乾漆造、木の上に漆を盛り上げたものを木心乾漆造という。この技法は奈良時代に流行したが、他の時代にはほとんどないので、扱うことはほとんどないだろう。小型の像であれば基本的な注意点は木彫像と同じである。

5 最後に

　以上、彫刻（仏像）の借用から展示にいたるまでの取扱いとその注意点について述べてきた。あらためて力説したいのは、仏像にかぎらず作品はすべて個別の存在だということである。眼前の作品がどこにウイークポイントをかかえているのかを見抜き、借用から返却に至るまで、安全に保管しなければならない。それが長年にわたり、信仰の力を礎に仏像を守りつづけてきた人々や、その人々を含め、先人が育んできた文化に対する礼節であり、責任であろう。作業に立ち会う学芸スタッフと輸送作業に従事するスタッフとがうまく連携しつつ、この責任を果たしていきたいものである。

一木造
<ruby>一木造<rt>いちぼくづくり</rt></ruby>

像の頭部から体の中央部を一材でつくる技法。一つの材からすべてを造る丸彫りの像は少ない。両肩、両手、坐像の場合は脚などに別材を用いても一木造という。材の種類、大きさにもよるが、概して重い。そのため、背面から刳って蓋板をあてるものもある。構造的には基本的に丈夫だが、縁などを欠損しないように注意が必要である。

寄木造
<ruby>寄木造<rt>よせぎづくり</rt></ruby>

体の主要部分を同じくらいの大きさの材を二つ以上組み合わせて造るものをいう。たくさん矧ぎ合わせることによって大きな像を造ることができる。通常内側は空洞なので一木造より軽い。材の接合は膠、漆、鉄釘、鎹などによる。時間の経過により、接合部が緩むことがあり、扱いには注意を要する。

割矧造
<ruby>割矧造<rt>わりはぎづくり</rt></ruby>

体の中央部を一つの材から造り、木目に沿って割り放して、内刳りを施し、再び接合したもの。割り放した部分が平滑ではなく、薄くなっている場合がある。そこを脱落させないように注意する。

足枘
<ruby>足枘<rt>あしほぞ</rt></ruby>

立像で、足の裏に造りだした方形の突起。そこを台座の穴に挿して立たせる。

（ア）坐像の梱包の例

①大日如来坐像　全景
　像を観察する。

②大日如来坐像本体の移動
　梱包場所に移動する。

③坐像を薄葉紙・綿布団で養生する。

④大日如来坐像を枡形に固定する。

（イ）立像の梱包の例

⑤坐像をL型に固定する。

①毘沙門天立像　全景
　像を観察する。

②毘沙門天立像と担架
　立像はこのような担架に固定する。

③立像の頭部、手首先、袖を養生する。

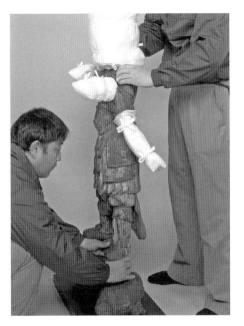

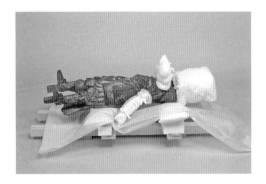

④立像の移動
　梱包場所に移動する。

⑤立像を担架に寝かせる。

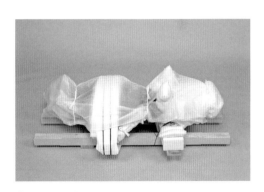

⑥立像を担架に固定する。

⑦薄葉紙で全身をおおう。

<h1 style="text-align:center">16 甲 冑</h1>

池田　宏

1 はじめに

　甲冑は、鍛鉄・皮革・漆工・組紐・金工など工芸のさまざまな分野の技術を用いて作られている。取扱いに当たっては、素材が多岐にわたることや、兜・胴を中心に各部分を繋いで組立てて展示する知識と注意が必要である。

(1) 種　類

　甲は身を護る「よろい」、冑は頭にかぶる「かぶと」であり、一般的には「鎧」、「兜」を用いることが多い。

　平安時代以来の甲冑には、大鎧、腹巻、胴丸、当世具足などの種類がある。

　大鎧は、馬にまたがって矢を射るのに都合がよいように作られていて、兜と胴のほかに、右脇をふさぐ脇盾、左右の袖、胸の両側の隙間を守る栴檀の板、鳩尾の板を付属している。胴の腰を保護する草摺は、前後左右の四間である。日本独特の形式で、単に鎧というとこの形式をさし、腹巻などに比べ、形も大きく、完備していることから大鎧ともいわれる。

　腹巻や胴丸は元来歩兵用の胴だけ甲で、着脱のための開閉部分である引合せが右脇にあるものを胴丸、背面にあるものを腹巻とよんでいる。室町時代になると、大鎧にならって兜と袖を付属したものが製作された。

　当世具足は、桃山から江戸時代にかけて製作された甲冑で、単に具足とも称され、兜・胴のほか面具・籠手・佩盾・脛当などの小具足を完備しているのが特徴である。兜のなかには、大きな立物をつけたり、異装のデザインとしたものがあり、当世兜、変り兜と呼ばれる。現在、残っている甲冑のほとんどは当世具足である。江戸時代の大名家には、中世の大鎧や胴丸などを復古的に製作されたものも残されている（巻末資料6参照）。

(2) 構　成

　甲冑は、札と呼ばれる革や鉄の細長い板（丈5～6センチ、幅1.5センチ程度）を横に並べて綴じて、漆で塗り固めて札板を作り、札板を組紐や韋緒で上下に繋いで作られている。この組紐や韋緒を威ないしは威糸と呼び、その色や材質から赤糸威、黒韋威などという。威は「緒通し」の意と考えられる。

　胴の胸や脇、袖の上端などは、身体への馴染みやすさや腕の動きなどを考えて鉄板が使われていて、胸板、脇板、袖の冠板と称される。通常は染韋で包み、周囲に銅の覆輪

がかけられている。中には漆塗のままとしたもの、さらに家紋などを蒔絵としたものもみられる。

　当世具足のなかには、札板を1枚の鉄板で製作したもの、さらに胴全体を前後に分けて2枚の鉄板で製作されたものなどがある。

　兜はヘルメットにあたる鉢と頸部を保護する錏、胴は腹部を一連とした衡胴に、胸部の前立挙、背面上部の後立挙を加え、腰を守る草摺からなる。前立挙上部には胸板、後立挙上部には左右の肩にかける肩上がつく。肩上の先は前立挙の胸板と小鰭がけとなっている。

　籠手や大腿部を覆う佩盾は、家地とよぶ布帛に札や鎖を綴じ付けて仕立てられている。

（3）素　材

　甲冑には、鉄・銅・皮革・漆のほか組紐・布帛などさまざまな材料が使われている。おもなものの用途をあげると以下のようになる。

　　鍛鉄　　札、兜鉢、胸板や脇板など、籠手・佩盾の鎖
　　皮革　　札や肩上などに用いる硬い牛革
　　　　　　紐に用いる犬や馬の革
　　　　　　細く裁って威糸としたり、兜の吹返、胸板などに貼ったなめした鹿韋
　　　　　　鉢や胴に貼る毛皮
　　漆　　　生漆や黒漆をはじめ朱漆、青漆、箔押、蒔絵など
　　組紐　　絹・麻・木綿の威糸、胴の各部分や袖などを結ぶ緒・紐
　　布帛　　籠手・佩盾・脛当の家地に用いる麻・木綿・金襴・錦・羅紗・ビロードなど
　　金具　　銅製で透彫や高彫をし、鍍金や鍍銀を施した飾り金物、鍬形や鋲、覆輪など
　このほかにも部品の芯として檜・桐・竹・和紙などが用いられている。

② 甲冑の取扱い

　甲冑は、上記のように各種の素材から構成されている。特に威糸が傷んで、胴と草摺が離れてしまっている場合や、表面の漆が剥落していることも多いので、細心の注意が必要である。移動に当たっては全体の状態や破損箇所の確認、小具足などの付属品の点数の確認、兜の鍬形のようにあらかじめ取り外せるものは、外して移動すべきである。

　重量は、全体で10kg以下ものから30kg近くまで幅があり、兜だけでも1kg未満から5kg、胴も4kg程度から20kg近くまでさまざまである。

　兜は頂辺に孔がある場合は、孔に指を入れて持つ。孔がない場合は兜正面の眉庇と後の錏で抱えるか、鉢裏に手を入れて持ち、一ヶ所に力がかかって表面の漆などを傷めないように注意する。

　胴は前胴の上部の胸板と後胴上部をしっかりつかんで持ち、草摺をさばいたり、紐の処

理のため2人以上で取り扱うのが原則である。肩上と胸板を 鞐 がけとして繋ぐ高紐は、
鎧掛（具足掛）にかけて展示の際に胴全体の重量がかかるので、状態を確認し、傷んでい
る場合は、ほかの紐で補強する。

　手袋は指先の感覚が鈍くなるので原則として使わず、手を清潔にして作品に触れるのが
よいが、指紋がついてしまう恐れのある場合は、適宜用いる。

　展示してある甲冑を梱包する場合は、兜、胴、小具足に分解して梱包するのが原則であ
り、分解の際の順番や紐の結び方などを確認、記録しておく。

　また具足櫃に収納されている場合は、中に胴をはじめ兜、小具足がぎっしりと詰められ
て保管されている場合が多く、取出す際には、収納順を確認しながら進めないと、片付け
る際に収まらなくなる場合がある。順番をデジタルカメラで撮影しておくと便利であろう。

３ 梱　包

　具足櫃に一括収納されていた場合も、兜、胴、小具足の箱に分けて梱包し、必要な場合
は具足櫃も別に梱包する。

● 梱包材料
　　段ボール（兜・胴・小具足の箱、兜・胴は枡箱（「枡型」「受け箱」ともいわれる）を
　　用意）、小具足用の板段ボール、薄葉紙、綿布団、晒、平紐、セロテープ、玉糸、ネル、
　　ウレタンなど
● 準備・注意点
　　梱包の箱のための採寸（緩衝用の綿布団の厚さを考慮）
兜　　　前後径・左右径（最大幅で）、総高（ 錣 を畳むか伸ばすか）
胴　　　幅・奥行は草摺をたたんだ法量を基準
　　　　高さは具足掛に掛けた高さを基準、具足掛のない場合もある
小具足（面具・籠手・佩盾・脛当など）
　　　　できるだけ伸ばした状態で板段ボールにのせた法量

・作品にあてる薄葉紙はよく揉む。
・綿布団をあらかじめ丸めて、空気を抜いて馴染ませる。
・包む際、薄葉紙の裂ける方向に注意。
・漆のひび割れなど傷んでいる箇所はその周囲を高くして薄葉紙をかけ、できるだけ梱包
　材があたらないように浮かす。
・取外せるもの、動かすと外れるものを外す、又は養生する（兜の立物、破損している部
　分など）。
・出来るだけ表面の凹凸をなくすように梱包する（突出している箇所は周囲に綿布団、薄

葉紙などをあてる）。

（1）　胴の梱包の例（具足掛に掛かっている場合）

・草摺をたたんで、薄葉紙で包む（写真1：左から伸ばした草摺、たたんで薄紺をかけた
　もの、包んだもの）。

・梱包用の枡箱の下に、あらかじめ晒ないしは平紐を敷いて置く（左右平行に2条）。

・枡箱の中を、綿布団と薄葉紙で養生をして、胴を上に乗せる（写真2）。

・肩上と具足掛の間に隙間があれば薄い綿布団ないしは薄葉紙を入れる。無理をしていれ
　ない。

・引合せに薄葉紙を挟み、引合せを軽く結ぶ（写真3）。

・鎧など動く個所に薄葉紙を挟み固定する。胴先の緒をまとめる。

・草摺の下に綿布団を入れる。

・胴裏の状態を確認し、胴裏と中の具足掛があたらない程度に綿布団を入れて固定する。

写真1　草摺の梱包

写真2　枡箱に胴を納める。

写真3　胴内側と引合せの養生

写真4　襟廻の養生

184

・襟廻、肩上の上の養生をする（写真4）。

・胴の表面を薄葉紙で包む（傷んでいる箇所があれば、周囲から養生）。

・草摺の上を綿布団で抑え固定する。

・胴の前後から綿布団をあてる（写真5）。

・肩上の上から綿布団をあてる。

・胴に負担がかからないように、紐や晒などで枡箱と胴を固定する（写真6：胴の上にウレタン、晒をかけ、玉糸で結んでいる）。

・枡箱の下の晒を使って、段ボール箱に納める（写真7：箱の高さが高い場合は四隅や上部に綿布団やウレタンを詰める）。

（2）　兜の梱包の例

・兜の立物など外れるものは、あらかじめ外す（写真8）。

・枡箱の下にあらかじめ晒ないしは平紐を敷いて置く。

写真5　綿布団で胴を包む。

写真6　胴と枡箱の固定

写真7　胴を段ボール箱に納める。

写真8　兜と鍬形・龍頭の前立

- 枡箱に薄葉紙を敷き、兜を乗せる台を作る。
- 台は鉢の深さに応じて、「エアーキャップ®」か段ボールを丸め薄葉紙を巻いて中央の芯を作り、その周りを綿布団を縦長に二つ折にして巻き、凸形の台を作る。台の高さは、兜を置き、錣を延ばして、若干兜が浮く程度（写真9）。
- 台の上に薄葉紙をかける。
- 兜を台の上に置き、兜の緒を束ねてまとめる。
- 鉢の後に鐶、総角などがある場合は、薄葉紙で包む。
- 吹返の裏や鉢と立物の隙間などに薄葉紙を丸めて養生をする（写真10）。
- 兜全体に薄葉紙をかけ、綿布団をあてる。
- 綿布団の上から兜に負担がかからないように、紐で枡箱と兜を固定する（写真11、図は兜全体に薄葉紙をかけず、鉢中央に薄葉紙、綿布団、ウレタン、晒をかけ、玉糸で結んでいる）。
- 枡箱の下の晒・平紐を使って、段ボールの箱に納め、枡箱の四隅を押さえる（写真12）。

写真9　枡箱と兜を乗せる台

写真10　吹返と前立の養生

写真11　兜と枡箱の固定

写真12　枡箱下の平紐を結ぶ。

（3）小具足の梱包の例

・できるだけ伸ばしたまま収納できる箱を用意する。

・面具は、顔にあたる大きさに薄葉紙を丸め、その上に面具をおく。

・髭は、折れないよう適宜、薄葉紙で養生する（写真13）。

・佩盾は二つ折にして、ひとまわり大きい板段ボールにのせる（写真14、15）。

・籠手も左右それぞれ伸ばした大きさよりもひとまわり大きい板段ボールにのせる。無理な場合は、二つ折にする。

・小具足を一括収納の際、平らなもの、頑丈なものを下にいれる。

4　甲冑の陳列の手順

　独立ケースの場合、東京国立博物館の例をあげると、一辺の幅が120cm角ケースを使っている。床面からの高さは60cm、大鎧や腹巻などには60 × 60 × 25cm、具足には45 × 45 × 35cmの台を用いている。兜だけの場合は、頭にかぶるものであるので、床面から100cmを目安とするとよい。

　甲冑を自分と同じ床面に飾ると、兜の頂辺まで見ることができるが、迫力のない陳列となる。60cm程度高くして見上げぎみに陳列することにより、堂々とした迫力のある陳列となる。

　付属品の多い当世具足を例にとると、あらかじめ具足掛に胴・籠手・袖をつけて、展示ケース内の台に置いた後、頬当・兜・佩盾・脛当をあとから付け加えて、微調整を行う。展示は必ず2人以上で行うこと（できるだけ息の合った人と！）。例えば、1人が胴を移動して、もう1人が草摺をさばくなど。あってはならないが、重すぎてバランスを崩すといった事態も起こりうる。

　なお、文中の左右は着用者側からみた左右で表記した。

①胴を具足掛に掛ける。

　具足掛の兜をのせる支柱を外して用意する。1人が胴の胸板と後の押付の板を持って具足掛にかけ、もう1人が、草摺を傷めないようにさばく。草摺をさばいた後、肩上と胸板の鞐をかける。右脇の引合せは後側を外側にする。腰の胴先の緒を結ぶ。通常、胴の左腰に胴先の緒がついており、長短2本とも前から右腰へ廻し、長い緒はそのまま後腰、左腰を一周させて先を前に持ってくる。短い緒は、右腰の繰締めの鐶に通して前に戻し、左腰からきた長い緒の先と正面で結んで、余りを左右に挟み込む（写真16）。

　右脇の引合せの緒を結ぶ。右前の引合せの緒のうち、長い方を後引合せの緒の鐶に通して戻し、短い方の緒と通常の蝶結びで結ぶ。

②具足掛の兜の支柱を挿し込む。

③左右の籠手を付ける。

　親指の位置で、左右を確認し、片方ずつ籠手を付ける。本来は、籠手上端の鞐を胴の

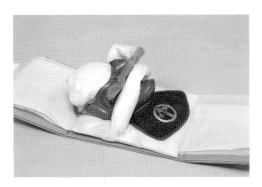

写真13　頬当の髭の養生

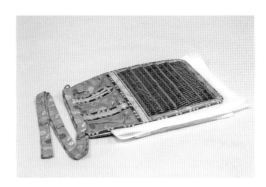

写真14　佩盾を二つ折りにして薄葉紙を挟む。

写真15　枕を入れて上部を畳む。

写真16　引き合わせの緒（上）と胴先の緒（下）

写真17　兜の支柱に結んだ緒

写真18　総角に結んだ緒

肩上の下の鞐にかけるが、鞐の紐が傷んで切れる場合があり、できるだけ籠手上部の鞐付近から別の補助の紐を付けて出し、肩上の下に紐を通して、兜の支柱に結びつけるのが望ましい（写真17）。

④左右の袖を付け、袖の緒を結ぶ。

　袖がある場合、袖裏上部中央の執加の緒を、籠手に準じて、兜の支柱に結びつける。袖はこの執加の緒だけに全体の重量がかかることになるので、緩んだりしないように気をつける。袖裏には前に1本、後に2本緒が付いている。前の緒は肩上の袖付けの紐に結ぶ。後の2本の緒のうち、後側中央の水呑みの緒は、胴背面の総角の上部に猿手結びとし、袖裏の上部の緒は、総角の縉に鞍結びとする（写真18）。

⑤頬当を兜の支柱につける。

　兜の支柱上部に画鋲を打ち、頬当の懸緒をかける。兜をのせた際の顔の位置を想像して、懸緒の長さを調節し、画鋲の上に薄葉紙を丸めて置いて、兜の鉢裏の養生と兜の高さの調節にする。

⑥兜をのせ、兜の緒を結ぶ。

　兜を支柱上部にのせ、頬当とのバランス、左右、前後のバランスをみる。兜の緒は、兜の支柱の横木に適宜巻きかけて長さを調節し、頬当の顎下で真結びにして、余りを左右に挟み込む。

⑦佩盾をつける。

　1人が佩盾を正面の草摺の下に入れ、佩盾の腰の緒を左右の草摺の下を通して後へまわす。もう1人が後から腰の緒を受け取り、後の草摺の下で結ぶ。具足掛下部の板の縁を利用するとよい。

⑧兜の立物をつける。

　兜に鍬形や龍頭をはじめ脇立・頭立・後立などの立物が付属する場合、立物を取り付ける。ケース内の天井の高さを確認しながら、立物を傷めないように注意する。無理に挿込むと、傷めたり、後で外れなくなることもあるので、展示前に確認をしておくとよい。

⑨脛当を置く

　脛当は、膝頭を守る立挙がついている方が上で、鎧の鉸具のあたりを考慮した鉸具摺がある方が内側である。脛当は、丁度足につけた形になるように、適当な太さの芯を作って脛当をつけ、上下の緒を結んでおくとよい。佩盾に脛当を安定のよいように立てかける。左右の脛当の間隔は、狭すぎると力強さに欠け、開きすぎると品がなくなってみえる。肩幅よりやや狭い程度がよい。

⑩籠手の手甲を草摺の上に置く。

⑪微調整をする。

　ケースから少し離れて、全体のバランスを見て整える。兜の左右、前後の傾きを調整し、兜・頬当・胴の正面中央ができるだけ揃うようにする。胴も右脇引合せの場合、厳密には

なかなか左右対称にはならないし、籠手・袖をはじめ左右対称になるように取り付けるのは意外に難しいものである。同じ甲冑でも飾り方で疲れた武士にも、勇ましく威厳に満ちた武士にもみえる。

　以上がおおよその甲冑の陳列手順である。胴や袖、兜の緒については、傷みがないことを前提に結び方を説明した。傷みのある場合や切れそうな場合は、決して無理をして結ばないこと。緒の先端の房が大きすぎて、縮を通せないこともある。このような場合は結んでいる様に見せかけて陳列する配慮が必要となる。

　撤収はおおむね陳列の逆の順番であるが、とくに兜の立物のように、取り外せるものをあらかじめ外すこと、解いた緒の類を移動の際に傷めないように注意する。

17 自然史標本

松浦 啓一

1 自然史標本とは何か

　自然史の研究対象は幅広い。地球上に生息している様々な動物や植物、菌類をはじめとして、地球そのものを構成する岩石や鉱物も研究対象になる。したがって自然史研究の材料となる標本の種類は多岐に渡る。一般的にいって自然史標本とよばれるためには、標本のデータが必要である。収集した物がどこで、いつ取られたかという情報が最低限必要である。なぜなら、自然史研究の対象物は空間的、時間的に異なる様相を示すからである。採集データがなければ採集した物の性質を客観的に把握することはできない。したがって、自然史標本を梱包し運搬する場合には、標本そのものを適切に取り扱うと同時に、標本データを印刷したラベルや標本の登録番号札を標本から分離しないように留意しなければならない。

　美術品の場合には、属性情報なしでも一つの作品を他の作品と見分けることができるであろうが、自然史標本の場合には事情が異なる。標本室の中には同種の標本が多数保管されている。同じ種類の動物の標本が、採集年月日は異なっているが、同じ地点から100個体以上採集される場合もある。自然史研究では、自然界に存在する生物の変異を研究することが重要であるため、多数の標本を保管しているのである。

　生物には変異があるため、同種の標本とは言っても詳しく形態やDNAを解析すると、それぞれの個体が少しずつ異なっている。しかし、このような区別は研究が完了することによって可能となるのであり、研究前の標本の場合には区別は困難である。標本の属性情報がなければ、同種の標本を区別することは不可能な場合が多い。つまり、標本の属性情報が記録されている標本ラベルや登録番号を標本と一緒に保管することは自然史博物館にとって決定的に重要なのである。

　自然史標本の多くは研究資源であり、まだ研究されていないものが多数標本室に保存されている。異なる標本容器に保存されている多数の同種標本を区別する手がかりは標本ラベルや登録番号のみである。もし、標本を運搬する際に、標本ラベルや登録番号札を失ってしまうと、標本を区別することができなくなる。自然史標本の運搬の際、標本そのものに損傷を与えないよう配慮すると同時に標本ラベルなどの属性情報を記録した媒体にも細心の注意を払わねばならない。

② 自然史標本の種類

　自然史標本は動物や植物、菌類、岩石、鉱物等に分類される。しかし、梱包や運搬という観点から考えると、標本の強固さや脆弱性、そして保管方法に基づいて類別する必要がある。まず、標本の保管状態から見ると、乾燥した状態で保管してある標本（動物の剥製や毛皮、骨格の標本、あるいは植物の押し葉標本、化石や岩石・鉱物の標本等）と保存液に浸けてガラス瓶やポリ容器に保存されている液浸標本に大別される。

③ 標本室内における標本の配列

　自然史標本は一般に分類体系によって標本室内に配列されている（写真1）。分類体系は動物や植物、菌類、岩石・鉱物、さらに同じ動物でも魚類と哺乳類、あるいは昆虫によって異なる。したがって、標本の種類によって配列方法が異なるわけである。どのような分類体系を採用するかは、博物館によって、あるいは標本を管理する研究者の考え方によって異なる。したがって、標本を移動する際には、標本管理を担

写真1　魚類標本室。液浸標本が分類体系に従って整然と配列されている。

当している研究者から標本の配列方法について事前に詳しく説明を聞く必要がある。

　標本を移動する際には、配列方法に注意し、移転先の標本室において元の配列方法を再現しなければならない。 もし、標本を元の配列と異なる場所に配置すると、標本を発見することが困難となり、博物館や研究者に多大の不便をもたらすことになってしまう。

④ 標本の梱包と運搬

（1）　液浸標本の梱包

　液浸標本には魚類や甲殻類（エビやカニの仲間）、棘皮動物（ヒトデやナマコの仲間）、クモ類、海藻などが含まれる。標本はガラス瓶やポリ容器の中に保存液とともに保存されている。液浸標本を移動する場合には、標本瓶や標本容器が割れないように細心の注意を払う必要がある。標本容器の頭部を持って運ぶと容器の蓋がはずれたり、標本容器を誤って落としたりする可能性が高くなる。標本容器を持つときには必ず容器の底部を支えるか、底部付近を持つように注意する。

　標本瓶を安全に運搬するためには、エアーパッキンなどの衝撃緩衝材で標本瓶を包み、プラスチック製コンテナー等に梱包するとよい。標本瓶がプラスチックコンテナーの中で動くと標本瓶がぶつかって損傷する恐れがある。このため、なるべく標本瓶が動かないよ

うに、ぎっしりと詰め込むとよい。しかし、必ず隙間が生じるため、標本瓶と標本瓶の間に衝撃緩衝材の小片あるいは布や古新聞などを詰めるとよい。言うまでもないことであるが、標本瓶が傾いたり、横倒しになったりすると、保存液が漏れてしまう。したがって、標本瓶がプラスチックコンテナーの中で垂直に立つように配置する。

20リットル以上のポリ容器の場合には、特別の梱包をする必要はない。運搬する車両の中で動かないようにすれば、問題は生じない。

（2） 液浸標本の運搬

プラスチックコンテナーに収納された液浸標本の移動については、ガラス製の家具などを運搬する方法と同様で構わない。エアーサスペンションの付いた車を使う必要はない。ただし、運搬車の中でプラスチックコンテナーが移動しないように注意する必要がある。プラスチックコンテナーを重ねて配置できる場合があるが、倒れる恐れがあるため、2段あるいは3段程度が限度であろう。

（3） 乾燥標本の梱包

①昆虫標本

昆虫標本はドイツ箱という一定規格の標本ケースの中に保存されている。昆虫標本は大小様々であるが、ほとんどの標本は虫ピンでドイツ箱の中で固定されている。虫ピンから標本がはずれて移動すると、標本同士が衝突したり、ドイツ箱の中で転がったりすることになる。したがって、運搬する前にドイツ箱の中で標本が移動しないようにしっかりと固定する必要がある。特に大型のカブトムシ類やトリバネチョウなどは運搬中に動きやすいので要注意である。標本を固定する作業については、専門家に依頼する必要があるため、運搬前に博物館の担当者と入念に打ち合わせを行う。ドイツ箱は段ボール箱に収納し、運搬中に動かないように衝撃緩衝材を詰めて固定する。

②剥製標本

剥製標本は和紙や薄い布で包み、運搬中に動かないようにする。本剥製と呼ばれる自立型の剥製標本（生きていたときの状態を復元したもの：写真2）は運搬中に標本同士が衝突して損傷しないように配慮する必要がある。そのため、小型や中型の標本は大型の段ボール箱に収納し、標本の間に衝撃緩衝材を詰

写真2　哺乳類の本剥製標本

めて標本が移動しないように固定する。大型標本の場合には、標本自体をエアーパッキンなどで保護してから木枠の中に入れて固定する。

　鳥類や小型哺乳類には仮剥製標本と呼ばれるものがある（写真3）。これらは研究用の標本であり、本剥製標本とは異なり、自立していない。通常、仮剥製標本は内臓を抜いて乾燥させて作成する。形状としては、鳥が羽をたたんで、筒型になった状態と言ってよい。仮剥製標本は薄葉紙と呼ばれる和紙で包み、段ボール箱などに収納し、標本が移動しないように薄葉紙や衝撃緩衝材を標本の間に詰め込む。さらに標本を薄葉紙や衝撃緩衝材で覆い、段ボール箱の中にしっかりと固定する。

写真3　鳥類の仮剥製標本。標本棚を開けた状態。

③骨格標本

　哺乳類・鳥類の骨格標本や人骨標本は大きさも形状も様々である。骨格標本は破損しやすいため、取り扱う際に細心の注意を払う必要がある。大型の哺乳類の交連骨格標本（全身の骨格を連結させて、自立させた状態）は木枠などで囲い、運搬の際に損傷しないように梱包する。体の一部の骨が個々別々に保存されている場合には、標本ケースに一定数の骨が入っていることが多い。このような場合には、個々の骨をエアーパッキンや和紙で包み、段ボール箱などに入れて、骨と骨の間に衝撃緩衝剤を詰めて固定する。

④押し葉標本

　植物の押し葉標本の大きさは規格化されている。一定の大きさの台紙に押し葉標本は張り付けられている。したがって、押し葉標本を梱包する場合には、台紙ごと段ボール箱などに梱包し、台紙が動かないように衝撃緩衝材を詰め込む。

⑤化石・岩石・鉱物標本

　化石標本は大きさも形状も様々である。梱包する場合には、エアーパッキンや古新聞などを用いる。衝撃が標本になるべく伝わらないようにすることが肝要である。

　岩石・鉱物標本は標本同士が接触しないように個々別々に和紙や新聞紙で包む必要がある。標本がお互いに接触すると化学成分が移動して、後の分析に多大な影響が出ることになる。標本ケースの中に収納されている標本が大きな場合には、上から座布団などで押さえつけることによって、標本を固定できる。このような場合には、個々の標本を梱包する必要はない。肝心なことは標本が動くことを防ぎ、標本同士が接触しないようにすることである。

（4）　乾燥標本の運搬

　液浸標本はガラス瓶やポリ容器に収納されているため、運搬する際にエアーサスペンション付きの車両を使用しなくてもよいが、乾燥標本は液浸標本と比べると壊れやすい。液浸標本の場合には、標本容器を衝撃緩衝材で保護してあれば、標本容器がお互いに多少ぶつかったとしても壊れる可能性は低い。これに対して剥製や骨格標本、そして昆虫標本等の乾燥標本は標本同士がぶつかると、標本に損傷が生じる可能性が高い。そのため、運搬車両の中でなるべく標本が動かないようにする必要がある。したがって、乾燥標本はエアーサスペンション付きの車両で運搬することが望ましい。

（5）　展示標本の運搬

　展示用標本と研究用標本の間に本質的な相違はないが、標本の外形的特徴に差があると言えよう。研究用標本は研究に使える状態で保存してあれば問題ない。決して見た目の美しさは問題にならない。研究のためには調査すべき部位や特徴がきちんと保存されていることが大切であり、それさえ満足していれば十分である。しかし、展示用標本は展示テーマを効果的に来館者に伝えるためのツールであるから、見た目の美しさやインパクトのある大きさ、姿勢などが問題となる。

　展示用標本は研究用標本と同様に、剥製標本、骨格標本、液浸標本、押し葉標本、岩石・鉱物標本などに大別される。しかし、展示用標本には研究には使用しない状態の標本もある。たとえば、レプリカや模型、ジオラマなどの人工的な造形物を挙げることができよう。

　ある博物館の展示用標本を大量に他の博物館に運搬することは国内ではないであろう。常設展に出ている展示標本を大量に他館に貸し出すと、自館の展示に支障を来すからである。したがって、国内の自然史系博物館で展示用標本を運搬する場合には、その数は限られるはずである。

　展示用標本の梱包・運搬を行う際に留意すべき事は基本的に研究用標本の場合と変わらない。標本を傷つけないように展示場から移動して、エアーパッキンなどの衝撃緩衝材で包んだ後に段ボール箱、プラスチックコンテナーあるいは木箱などに収納して運搬する。

　ただし、研究用標本とは異なる点がある。当然の事ではあるが、貸し出された標本を返却する場合、展示場に元の状態で設置する必要がある。したがって、標本が展示場でどのような位置に、どのような姿勢で展示されていたかを正確に記録しなければならない。また、天井から吊してある大型標本など、特殊な展示方法を取っている場合が少なくない。高所作業車を使うなど危険な作業を伴うこともある。したがって、事前に展示場を下見して、展示標本をどのようにして展示場から移動するかを担当学芸員と入念に打ち合わせする必要がある。

18 民俗・民族資料

園田　直子

1 基本的な留意事項

　民俗・民族資料の取扱いは、基本的には通常の博物館・美術館の資料と同様の扱いで問題ないが、いくつか特徴的なことをまとめる。

　一般の博物館・美術館の資料との大きな違いは、民俗・民族資料は、長期にわたっての使用や保存を想定してつくられていないということである。これらの資料は、日常生活、あるいは特定の儀式や祭礼の場で用いられるためにつくられたものであり、その役目が終われば、捨てられてしまう性質のものであった。言い換えれば、民俗・民族資料は、どこかで意識的に残そうと思わないかぎり、あまりにも身近な、あるいは限られた期間での用途であるため、保存の対象になりにくい資料といえる。さらには20世紀後半以降、国内にかぎらず、海外でもグローバリゼーションの流れが加速するなか、収集時には簡単に入手できたのに、いつの間にか製作されなくなっているもの、使われなくなっているものは数多い。

　もうひとつの大きな特徴は、民俗・民族資料の大半は、実際に使用されていたということである。そのため、既に劣化や損傷が生じている場合が多い。あるいは、補修されながら使用が続けられてきたものもある。民俗・民族資料は、新品ではなく、脆弱になっていることを忘れてはならない。特に持ち手や柄などはよく使う部分であり、弱くなりやすい。資料を持ち手や柄から持ち上げることは避けるようにしたい。

　民俗・民族資料には、木、竹、藁、あるいは、毛皮、皮革など、人びとの生活に身近な素材、なかでも有機物が多用されている。また、汗や汚れなどの使用跡は、原則として取り除かないという方針をとっている館もある。これらの使用痕は、残しておくと資料の劣化をすすめる要因ではあるが、資料がどのように使われたかを示す重要な情報源でもあるからである。さらに、現地での本来の使用環境と、現在の保存環境が大きく異なることも珍しくない。寒冷な地では問題がなくても、高温多湿になりやすい日本の気候条件では、虫やカビの被害にあいやすくなる場合もよく見受けられる。このように民俗・民族資料は、博物館資料のなかでも生物被害の対象になりやすい条件を持ち合わせている。

　民俗・民族資料の取扱い、梱包・輸送に当たっては、資料の持つこのような特殊性を理解したうえで行わなければならない。

② 梱包・開梱

（1）　形のしっかりした資料

　資料を観察して、その形態とともに、構造上弱い部分がないかを確認する。例えば、他の部分に比べて大きさ（太さ）が大きく異なる部分は、輸送のときに損傷が起きやすい。このような箇所には、薄葉紙や綿布団などの緩衝材を巻きつけ、全体がほぼ同じ大きさ（太さ）になるように調整する。基本的には、資料と直に接触する面には、薄葉紙をあてる。細い部分に緩衝材が巻かれ、資料全体がほぼ同じ大きさ（太さ）になったところで、直接、露出している部分がないように、他の部分にも緩衝材を巻いていく。

　このとき、資料の周囲だけでなく、上下にも緩衝材を添えて、全体を安定したかたちにする。綿布団を固定するときには、紙紐を用いる（写真1〜9）。大きな資料の場合は、さらにサラシで巻いて固定することもある。

　梱包の作業は、原則として複数で行う。一人（大きな資料では複数）が資料を支え、他の人が緩衝材を巻き、紙紐でとめるようにする。これは、不用意に資料を倒したり、落としたりしないための配慮である。資料の下に紙紐を通すときには、資料を高く持ち上げることは避け、資料の底を少し傾けるなどの工夫をする。

　全体が、緩衝材でくるまれ、安定した形になったものを、運送用の箱の中に入れる。箱の底には、前もって緩衝材を入れておく（写真9）。さらに資料の周囲、そして上部に、緩衝材をあて、箱を閉じる。緩衝材は、資料を物理的ショックから守るだけでなく、温度・湿度の急激な変化を緩衝するという重要なはたらきがある。

　なお、資料に直接、接触するのでなければ、緩衝材として、薄葉紙や綿布団以外の材料を、適宜、使用してかまわない。

　参考までに、以下に形のしっかりした資料の梱包手順を示す。開梱に当たっては、梱包と逆の手順をとる。

写真1　梱包前の資料

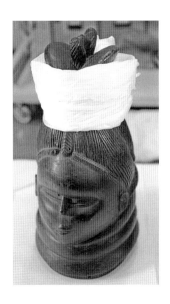

写真2　この木彫では、髪の一部が、他の部分より細い。細くなっている部分に薄葉紙を巻いて調整し、全体がほぼ同じ程度の大きさ（太さ）になるようにする。

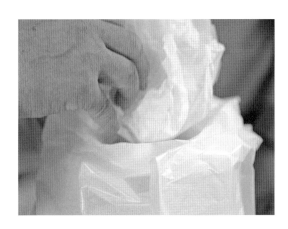

写真3　髪の先端が傷つかないよう、薄葉紙を丸めたもので養生する。

写真4　資料の表面を、薄葉紙でおおう。薄葉紙の固定には紙紐を用いる。

写真5　資料の周りに、綿布団を巻き、紙紐で
　　　とめる。

写真6　残りの部分にも綿布団を巻く。適宜、
　　　紙紐でとめる。

写真7　資料の底と上部に綿布団をあて、紙紐
　　　でとめる。

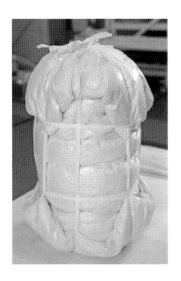

写真8　上下の綿布団を固定するために、紙紐を放射状にかける。

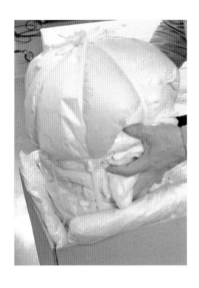

写真9　資料を箱の中に入れる。箱の底にあたる部分には、2枚の綿布団を十字に交差させて入れる。

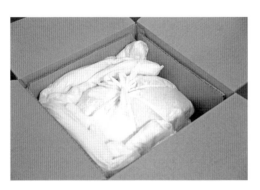

写真10　資料の周囲にも、綿布団をあてる。最後に、資料の上に綿布団を置き、箱を閉じる。

（2）　変形しやすい資料

　変形しやすい資料の梱包は、形のしっかりした資料と基本的に変わりはない。ただし、外から力が加わっても、つぶれたり変形したりしないように前もって保護する必要がある。例えば、資料に空いた部分が多いもの（写真11、12）、籠のように形が変わりやすいもの（写真14）、は、薄葉紙や綿布団を内側に入れて調整する。薄葉紙はよくもんでから使用すると、あたりがやわらかくなる。その後は、形のしっかりした資料と同様、薄葉紙や緩衝材を用いて安定したかたちにする（写真13、15）。

写真11・写真12　容器のふたの部分に装飾が施されている。細い部分もあり壊れやすいので、空いた部分に、前もって薄葉紙をつめる。

写真13　資料の内側に薄葉紙をつめた後、周りに緩衝材をあてて通常どおり梱包する。

　のし飾りや羽飾りなど変形しやすく、また内部からつめものをあてにくい資料は、無理に包みこむと、かえって傷めてしまうことがある。そのような場合には、資料に無理な力が加わらないように注意しながら、資料の周辺に、薄葉紙をやわらかく詰める程度にとどめる（写真16〜18）。場合によっては、台や内箱を作製することもある。資料より一回り大きい台もしくは内箱を作成し、その上に薄葉紙をしいて、資料をのせる。資料の上に、薄葉紙をかぶせてから、紙紐を用いて台や箱ごとやわらかくとめる。台や箱を作製するときには、梱包の外箱から資料を出すときのことにも留意する。例えば、紐の持ち手をつくったり、あるいは両端を長めにつくったりして持ち手とすれば、資料に負担をかけずに、台や内箱ごと外箱から取り出すことができる（写真19、20）。資料の一部にしっかりした部分があれば、台や箱に適宜「うけ」を設けて固定すると、より安定する。

写真14　外から力が加わっても変形しないよう、籠の中に綿布団を軽く丸めたものをつめる。綿布団をとりだすときに資料を傷つけないよう、資料の内側には、養生のために薄葉紙をあてている。

写真15　この籠の場合は形が定まらないので、無理に緩衝材で包みこまず、薄葉紙で覆う程度にする。

写真16・写真17　全体が変形しやすい資料は、一回り大きい箱のなかに入れる。資料の周囲に、薄葉紙をやわらかくつめる。

写真18　資料を内箱に入れ、周りに薄葉紙を柔らか
　　　　くつめる。

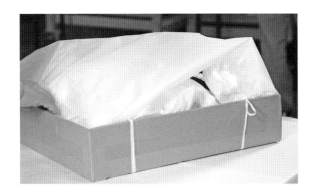

写真19　資料を取り出すときには、内箱
　　　　につけた紐の持ち手を引き上げるように
　　　　すると、資料に負担をかけない。

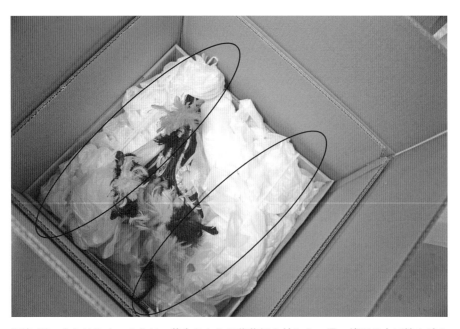

写真20　分かりやすいように、養生のための薄葉紙を外した。黒い楕円の中に持ち手の
　　　　紐が見える。

（3）　衣　類

　衣類のうち民族衣装には、時に重い装飾品がついている場合がある（写真21）。このような資料を扱うときには、生地に過度の負担をかけないよう、支えとなる台を下にあてるなど工夫し、下から持ち上げるようにする。また、装飾部分がこすれ合って傷がつくのを防ぐために、薄葉紙で養生する（写真22）。

　袖やスカート部分にふくらみがある衣類は、形をつぶさないよう、そして新たな折りじわをつくらないよう、内側に薄葉紙を丸めたものを入れる。

　衣類を折りたたむときは、適宜、薄葉紙を丸めたものなどをクッションとして間にあて、新たな折りじわをつくらない（写真23）。なお、折りじわ部分は、生地が弱くなっていることが多く、切れやすいので、扱いには特に注意する。

写真21・写真22　重たい金属の装飾品がついた衣装。装飾部分がこすれ合わないように、薄葉紙で養生する。

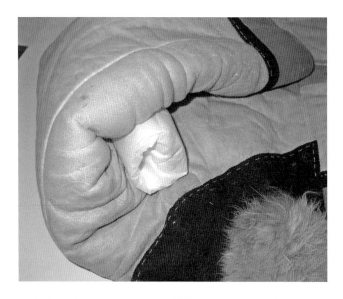

写真 23　新たな折りじわをつくら
ないように、緩衝材をはさむ。

　色うつりのしやすい布や刺繍、あるいは、布にビーズや金属の装飾が施してある場合に
は、互いにこすれ合わないよう、そして布に損傷を与えないよう、薄葉紙を間に挟んで養
生する（写真 24）。

写真 24　刺繍がこすれないよう
に、薄葉紙で養生する。すで
にある縫い目や折り目にそっ
て、たたむ。全体を薄葉紙で
つつむ。

　長い布は、筒などに巻いた状態で収納、運搬されることが多い。刺繍などで表や裏に糸
がひっかかりやすい資料は、そのまま巻くと重なった部分で布に損傷を与えるので、装飾
のある布の上に、薄葉紙をあててから巻くようにする（写真 25）。金糸、ミラー、コイル、
ビーズ刺繍など、凹凸のある装飾が施されているものは、薄葉紙だけでは不十分な場合が
ある。そのようなときには、厚みのある不織布、PET フィルムを用いるのも一案である。
前者はクッションの働きをし、装飾品の跡をつけにくくする。後者は、装飾品が、不織布
の繊維にひっかからないようにするためである。

写真25　糸がひっかかりやすい刺繍部
　　　分には、薄葉紙をあててから巻き取る。

（4）　装飾品

　装飾品は、互いにこすれあって損傷が起きないように、薄葉紙で一つずつくるむ。首飾りなどは、パーツの重さにより、くさりや糸が切れやすくなっている場合が多々ある。このような資料を取り扱うときには、下に厚紙の台をしいたり、小箱に入れたりすると、安全に扱うことができる。必要に応じて緩衝材の綿布団をしく（写真26、27）。小さな装飾品は、開梱のときに見落とされないよう、大きく包むなど工夫をする。

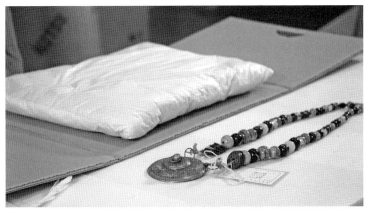

写真26・写真27　重みのある装飾品は、下
　　　に支えとなる台をおく。

3 輸　　送

　資料に専用の入れ物や箱がついている場合は、その中に納めてから、さらに運送用の箱に入れる。しかしながら民俗・民族資料の場合は、専用の入れ物や箱が用意されていないものが大半である。

　運送用の箱は、既存の段ボール箱を利用してもよい。あるいは、資料にあわせて板紙を適宜切りとり、箱を作成する（写真28、29）。資料や収納箱の周囲には、緩衝材を入れて保護するので、箱は大きめにする。

　重量のある資料の場合には、担架やL型の木枠（L型）を作成したり、木製等の箱を利用したりする。資料の形態や材質によるが、その固定にあたっては、担架やL型に、必要な部分だけをサラシで巻き付けることもある。

写真28・写真29　板紙を、資料の大きさにあわせて切り取り、箱を作製する。

4 展　　示

　民俗・民族資料の展示環境は、通常の博物館・美術館の資料の場合と大きく違わない。民俗・民族資料は、複数の材質でできているものが多く、材質一般にとって平均的な温度・湿度でとくに問題はない。

　しかし、木材、紙、革、布、接着剤など吸放湿性の高い材料は、湿度が上がると膨張し、下がると収縮する。その結果、資料が変形したり、繊維が折れたり、接着部分がはずれたりしやすい。材質により膨張（収縮）率が異なるため、複数の材質で構成された資料は材質の境界面で損傷が起こりやすい。温度、そしてとくに湿度が急変する環境は避ける。

　照明に関していえば、一般に民俗・民族資料は耐光性が良いように考えられがちだが、

染織品やポスターなど光に弱い資料も多く、このような場合は照度を低く設定する。絵馬などは顔料が剥きだした状態（粉状の塗り）であり、顔料がメディウムで包まれている油絵具よりも、光の影響を受けやすいことに留意したい。

　竹・藁製品、あるいは毛皮、皮革、羽製品などは、生物被害に遭いやすい。このような資料の展示に当たっては、必要に応じて防虫措置を講じるが、使用する薬剤については事前に所有者に確認し、了承を得ることは言うまでもない。防虫剤を設置するときには、直接、資料に接触しないよう、間に和紙などを挟む。

　展示に当たっては、資料に負担がかからぬよう、適宜、支持台や「うけ」を設け、限られた一部分に重さが集中するような方法は避ける。また、脆弱な資料は平置きを原則とする。地震対策として、資料をテグスでとめる場合には、資料に直接あたる部分はシリコンチューブで保護する。ポリ塩化ビニルのチューブは透明性が高く、また軟らかく曲げやすいため使いやすいが、可塑剤を含んでいるので、特に多孔性の資料の場合には用いない。

　内装や展示ケース製作に用いられる木材、塗料、接着剤から発生する物質が、資料に危害を及ぼすことが指摘されて久しい。民俗・民族資料のうち特に注意を要するのが金属製品、なかでも表面に光沢のあるものの展示である。清浄環境での展示が必要な場合には、展示ケース内で使用する材料を厳選する。例えばケース内で合板を使用するのであれば、合板は前もって厚みのあるアルミニウム箔で密封することで、オフガス成分の影響を避けることができる。必要に応じて、ケース内に化学物質吸着除去用シートを、小型ファンとともに設置する。小型ファンを使用するときには、外部から電源をとる必要のない、乾電池仕様がのぞましい。ケース内の環境の清浄度は、有機酸やアンモニア検知用のインジケーターで確認することができる。

　安全面の配慮として、槍の先のように先端が尖っている部分には、前もってシリコンチューブをはめておく。民俗・民族資料には、粗削りの木など、ささくれたものが使用されている場合もあり、また釘の先が飛び出しているものもある。観覧者の手にふれる範囲に、危険な部分がないかの確認は必要である。

19 美術品の梱包輸送設計

神庭　信幸

■1 はじめに

　美術品の梱包輸送の設計は、安全で円滑な輸送が実現できるように、依頼を受けた美術品の形状や状態を正確に把握したうえで、保管先や展示会場の環境の把握、作業人員の積算、輸送用の梱包ケースの設計、輸送日程やルート、輸送車両の手配、搬出入先での作業手順など多岐にわたる内容を調整して作成する必要がある。

　梱包輸送の設計にあたる者はこれらを行うと同時に、所蔵者側と円滑な情報交換を行う能力、作業員に対して適切な指導と指示を出して現場を統率する力、トラブルの発生時にも冷静な判断と適切な指示が出せる状況把握能力を身に着けなければならない。

■2 梱包輸送の発展

　美術品梱包輸送の発展と展覧会の関係について触れておく。現在につながる文化財の梱包輸送の歴史は、戦後日本のデパートで開催された数多くの展覧会から始まると言ってよい。

　法隆寺金堂壁画の焼失を契機として1950年に成立した文化財保護法により、文化財の保護及び、公開と活用が法的に整備された。また、文化財保護法はそれまで管理者の立場であった社寺を所有者として位置づけたことで、社寺は文化財の取り扱いに自由度が増すことになった。当時、国には保護、公開、活用を担保する予算と施設を用意できる余裕がなく、社寺の方も当時経済的に困窮していたため、新聞社やデパートからの展観企画の申出は双方にとって益があった。

　1952年に日本橋三越デパートで開催された「奈良春日興福寺国宝展」では阿修羅立像が輸送され展観され、1953年には上野松坂屋デパートで「奈良唐招提寺展」が開催されている。デパートの臨時展示場で行われた展覧会について、専門家らは国立博物館が本来の役割を全うしていない、デパートへの出品は適切な環境での活用とは言えない、文化財損傷の危惧が高いなどの指摘をしている。しかしこうした見解が述べられている一方で、文化財保護委員会や博物館の専門家たちが集荷、展示、撤収に立ち会い、梱包輸送業者を指導している現実があった。このように、専門家の指導と輸送業者の経験の積み重ねが美術品梱包輸送の基礎を形成していった。

　1952年の阿修羅立像輸送には百人の人夫で奈良から東京まで4日をかけて運んだとあり、当時の写真から梱包箱の中の緩衝材に蓆が使用されているのがうかがえる。過熱する

名品の出品を競う展覧会に危惧した文化財保護委員会は、1954年に「公開取扱注意品目」を指定し、特に損傷の恐れのある作品の移動を厳しく制限した。しかしその範囲は国指定品全体から見れば僅かであり、その後も指定文化財による特別展は続き、デパート展開催への影響はほとんどなかった。

1972年には500件を上回る件数の展観がデパートで開催されている。この間、1964年に国立西洋美術館で「ミロのビーナス特別公開」、東京国立博物館では1965年に「ツタンカーメン展」、1974年には「モナリザ展」などの大規模な海外展が開催されている。

しかし、文化財保護委員会から独立機関に衣替えした文化庁は、1974年にデパートの臨時公開施設での国宝などの展観を禁止する措置を発表する。背景には、1973年に死者103名を出した熊本の大洋デパート、1963年の池袋西武デパート、1964年の銀座松屋デパートなどの火災、さらに1971年に発生した大阪高槻市の西武デパートの新規オープン前の全焼が影響していると考えられる。相次ぐデパートの火災によって、安全な展示保管専用施設での展観に向けて舵を切った格好である。そこには、これまで不十分であった国公立の博物館美術館の施設、学芸員などのスタッフが充実してきたことにより、恒久的な展示施設での展観が可能になってきたという背景も同時に存在した。

このようにして戦後四半世紀の間、デパート展で培われてきた梱包輸送技術は、全国の博物館美術館の学芸員の指導に移り、今日に至っている。

学芸員の取り扱い能力は、文化庁が行う指定文化財企画・展示セミナー、学芸員資格取得課程における博物館資料保存論の導入など、研修機会や大学教育課程によってその向上が図られている。輸送業者が独自に実施する社内研修会、それを補助する梱包輸送技能取得士資格認定事業などによって、業者の技能向上も図られている。展示施設に関しては、安全な展示公開及び一時保管の環境を整えていると判断された施設は国指定品の公開事前届出が免除される公開承認施設の制度が1996年より開始され、承認を受けた施設の安全性が担保されるようになっている。

❸ 学芸員と輸送業者の関係

学芸員は作品の購入、管理、保存、研究、普及など、多くの博物館美術館においてそれらを一手に引き受ける存在で、収蔵品についてはその施設に勤務する学芸員がもっともよく状態を把握している人物と考えてよい。作品を永年取り扱ってきた学芸員ほど、保存状態や取り扱い上の注意点についてもよく分かっているし、過去の出品履歴にも詳しい。従って作品の展示、梱包輸送の際には学芸員から、作品を持つのに適した部位、支持または固定するのに適した部位、あるいは付属品などが分割できるかどうか詳しく指示を受けることが重要である。

指示を受けた輸送業者は、必ず自らも指摘された点について確認したうえで、それにしたがって作業を行うことが求められる。業者は作品の大きさ、重量、形状、そして保存状

態に適した支持・固定方法、移動方法などについて提案し、協議のうえで梱包輸送方法を決定する。

　業者はさまざまな状態にある作品の運搬を安全に行うために、必要となる技能、機材、道具、器具、材料等を的確に選択し、操作できなければならない。時として、学芸員の指示にも拘わらず展示中や輸送中に毀損などの事故が発生することもあり、特別展などの際に社寺などから作品を借用して移動する場合は特に注意が必要である。先に述べたように、取り扱いに当たっては作品の現状を確実に把握する人物の指示を得ることが大切であるが、社寺の場合、必ずしもそのような環境にない場合もあり得るので、輸送業者は特別展を担当する学芸員と綿密な打ち合わせを行い、安全性の向上により一層努めなければならない。

　特に初めて運搬される作品を取扱う場合には、学芸員から得られる情報だけではなく、業者自らも状態に関する情報の収集に努める必要がある。忘れられがちなことのひとつに、過去に何度か運送されたことのある作品を取り扱う場合であっても、決して慢心することなく、作品の状態はその当時とは異なっていることを意識して、梱包輸送を設計しなければならない。

▣ 4　輸送中に生じる損傷と原因

　美術品の輸送中に、損傷が生じることがある。最大の原因は、振動・衝撃である。振動・衝撃による影響は、掛軸などの小型で軽量な絵画あるいは工芸資料に対しては比較的小さく、一方大型で重量があり、かつ接合部が多いもの、あるいは本体の素材自体が崩壊しやすい資料に対しては大きい。

　特に振動と衝撃による影響を受けやすい対象は大型の油彩画、木彫像、塑像、石製品、埴輪、土器、樹脂含浸処理された金属出土遺物などである。油彩画の場合、振動がキャンバスに伝わりキャンバスを大きく震わせ、絵具の剥離剥落の原因となる可能性がある。木彫像は、腕、天衣などのように体幹部との間に空間があり、細く長い形状の接合部分に剥離や脱落が発生しやすく、また漆、絵具、金箔など加色や彩色部の剥離や剥落が輸送中の事故として考えられる。塑像や石製品は部材自体の部分的な崩壊、埴輪や土器は修理による接合部に隣接した位置での割損や破損が生じやすい。樹脂含浸処理などの保存処置を施した金属出土遺物は、処理の目的が形状の安定維持を目的とすることが多く、したがって構造的な強化が不十分であるために破損を生じることがある。

　美術品の輸送に際しては、第二に、温湿度に配慮する必要がある。温湿度の影響は全ての資料に及び、美術品に変形や黴の発生をもたらす可能性がある。梱包ケースの内部で、黴の発育条件に合致した温湿度環境が形成されると、黴の発生が急速に拡大し大きな被害になる。外気温の急激な上昇に伴ってケース内部の温度が上昇すると、資料や梱包材料に含まれる水分がケース内の空気中に放出され、その結果ケース内の相対湿度が上昇して黴

の発育に適した条件になる可能性がある。この現象は「蒸れ」と呼ばれる。搬出先や輸送途中の温湿度環境が搬入先と異なる場合、到着直後に行う開梱は相対湿度が異なる場合には作品の変形、温度が異なる場合には結露の発生などが生じる可能性がある。

第三に、出発地で侵入した害虫がそのまま梱包ケースの中で目的地まで輸送されて、開梱時に相手方の施設に移動して侵入することも十分に考えられる。輸送中に資料が食害を蒙る心配もある。

⑤ 梱包輸送設計の要点

大型の仏像の輸送事例から梱包輸送設計の要点を述べる。事例としてあげるのは、東京国立博物館、唐招提寺、TBS、日本経済新聞社が主催する特別展「金堂平成大修理記念 唐招提寺展 国宝鑑真和上像と盧舎那仏」（会期2005［平成17］年1月12日～3月6日）に出品された唐招提寺所蔵の国宝「盧舎那仏坐像」である。

（1） 資料の内容について

本坐像は脱活乾漆造で、8世紀に製作された巨大な仏像であり、それまで寺外に運ばれた経歴はない。唐招提寺金堂の修理に伴い、盧舎那仏本体の修理が2000（平成12）年から2002（平成14）年にかけて実施されている。

この時の修理では、大きな亀裂が生じている表面の乾漆層の処理が行われたが、内部の処置は行われていない。修理後の像の状態は次の通りであった。1）背中に亀裂が多く、修理で剥落止めはされているものの、梱包に際しての押さえどころが難しい、2）首には大きな亀裂があり、背面は薄く漆による布貼り一枚のみで繋っていると考えられる、3）右膝は内部に木枠があるために大きく亀裂が生じている、4）左の裳裾部は薄く、力を加えると構造的に弱いなど、固定のために表面から力を加えにくい状態であった。

内部構造は、1）左手首先は本体から分離する、2）像内には頭部から地付部に至る芯材が通っているが、X線写真による確認では底板には固定されず遊びがある、3）内部は木枠がある以外は空洞、4）木枠と乾漆層との固定の状態は不明、などであった。

以上のように、新たな修理が実施されているとはいえ、像に伝わる振動と揺れを可能な限り小さくすることが対処すべき重要事項であることが確認された。像本体の総重量は678.5kg、総高304.5cmである。光背、台座は寺内に残し、本体のみを運んだ。

（2） 施設等の内容

唐招提寺金堂内は広い部分を占めて須弥壇があり、その上に仏像が並んでいる。中央に本尊・盧舎那仏坐像、向かって右に薬師如来立像、左に千手観音立像の3体の巨像を安置するほか、本尊の手前左右に梵天・帝釈天立像、須弥壇の四隅に四天王立像を安置する。金堂及び仏像はいずれも国宝である。

　盧舎那仏坐像は高さ1.5mほどの台座の上に着座し、その光背には860体余の千仏が残っている。今回の輸送では台座と光背は寺内に残し、坐像のみを運ぶ。

　出品のため東京国立博物館に輸送するとき、坐像は修理のために金堂から寺内の仮設修理所に移動されている状態で、修理所内の床面に置かれている。梱包作業を行う仮設修理所内の天井高や床面積は坐像に対して十分な大きさがあり、大型の梱包箱や梱包資材を置く場所や、大型の重機による吊上げや移動を行うには十分なスペースを有している。

　東京国立博物館から返却するときは、一旦仮設修理所にて開梱点検の後に金堂に戻す。金堂への運び込みは小型トラックで寺院内を移動することになる。仮設修理所及び金堂内では温湿度調整は特に行われていない。

　仮設修理所は拝観者の導線とは完全に分離された場所にあり、4トン車が修理所の搬出入口まで侵入、接車可能である。修理所にはトラックヤードはなく、トラックを搬入口に横付けして荷積みを行う形になる。東京国立博物館に輸送するときは、仮設修理所内で梱包を行った後、4トンの横持車で梱包ケースを11トンの低床トレーラーが駐車する場所まで運び、積み替えることになる。

（3）　梱包と輸送

　東京国立博物館への輸送に際しては、坐像の状態、唐招提寺及び東京国立博物館での作業内容に適した能力や経験を有する人員、さらに全体に必要な作業人数を準備した。唐招提寺仮設修理所内及び東京国立博物館平成館における作業を安全かつ円滑にすすめるために、作業に先立ち、博物館学芸員、業者、唐招提寺、共催企業それぞれの指示命令系統を確認した。

　資料の事前調査から、振動や衝撃に対して極めて脆弱な状態であることが判明したことから、梱包ケースの底面に特殊な防振器を装着した。坐像の移動の際に底面全体に常に均一な力が加わるように、坐像を鋼板に載せて鋼板を持ち上げて移動することにした。像の表面は亀裂が生じた箇所が多いため、最初に薄葉紙で養生し、次に生綿で全体を覆ってから、木綿布（晒し）で全体を巻いた。さらにウレタンで覆い、網を掛けて養生全体を保護した。構造的に弱い首にかかる負担を軽減するために竹ヒゴを用いて補強した（竹ヒゴで頭部と胸部を連結するように保護することで、竹のしなりを利用して振動の影響を緩和する方法で、かつて文化財の梱包に用いた経験を採用した）。

　梱包ケースは、格子状に木枠を組んだ内箱と鉄製の外箱で構成され、底面に組込んだ防振器で内箱と外箱がジョイントされる構造とし、外箱の振動が内箱に伝わりにくくした。梱包ケースは大型であることから、公道を移動するためには低床トレーラーに載せる必要があった。高さは道路交通法で通過可能な範囲内に収まってはいるが、国土交通省への届出が必要な内容であった。ちなみに東名高速道路は幅3m、高さ4m、長さ16.5m以内である。

梱包ケースは可能な範囲で出来るだけ大きなものを用意するため、今回の梱包ケースは、トレーラーの荷台でむき出しの状態になるので、雨や風、打撃等への対策、真冬の輸送になるため急激な温度変化に対する対応、安定した相対湿度維持への対策、梱包ケース内に伝達する振動と衝撃への対策が必要であった。坐像を含む梱包ケース全体の重量は最終的に5661kgであった。

　養生と梱包作業は11月26日から12月8日、輸送は12月9日に実施された。出発前に、梱包ケース内及び低床トレーラーの荷台には振動衝撃と温湿度を測定するための装置を設置した。東名高速道路は通過可能であるが、首都高速道路は通行の上限を超えるため、都内は一般道を選択する以外になかった。安全のために、低床トレーラーの前後には先導車が付き、トレーラーには博物館からの随行員も同乗した。輸送途中の休憩場所及び緊急時の連絡体制等も併せて確認した。

　長時間の輸送が想定されたため、仮設修理所からの梱包ケースの運び出し、横持車による唐招提寺南大門前の公道脇に駐車する低床トレーラーまでの移動は、交通量が少ない早朝に行われた。唐招提寺を7時30分に出発し、東京国立博物館に19時20分に到着すると、低床トレーラーは平成館地階のトラックヤードに駐車した。

(4) 搬入先での作業内容

　東京国立博物館のトラックヤード内で梱包ケースは大型のフォークリフトでドッグ脇に降ろされ、一時保管庫でそのまま保管してシーズニングが行われた。奈良の保管場所と東京国立博物館では環境条件が大きく異なるため、シーズニングは12月9日から19日まで費やした。シーズニングが完了すると、12月20日に一時保管庫からエレベータに載せて平成館展示室へと運び込み、24日まで展示作業を行った。撤収作業は3月10日から12日、返却のための輸送日は3月14日とした。

　展示場では、高さ1.5mのディスプレー用ステージに大型で重量のある坐像を鋼板とともに設置するため、門型と作業足場を用意した。ステージ下部には地震対策として免震装置が装着されているため、展示作業中は装置を固定し、作業完了後は速やかに固定を解除する必要があった。開梱、展示が完了したのち、梱包ケースは再び一時保管庫に戻して会期中の保管場所とした。

(5) 保　険

　美術品の梱包・輸送に際しては、万が一の事故や破損に備えて保険を用意するが、そのためには作品1点毎の評価額が記載されたリストが必要であり、所蔵者にこれを用意してもらう必要がある。リストに記載された作品種別や保険を掛ける期間、作品の評価額等によって保険料率は変わる。

　保険による補償内容として、オールリスク、ウォール・トゥ・ウォール、請求権不行使

が一般的である。オールリスクは地震等・テロによる損害を含む全ての偶然の事故により生じた物理的損害を補償、ウォール・トゥ・ウォールは所蔵先の壁から外し、その壁に掛け戻すまで補償、請求権放棄は主催者、所有者、輸送業者に対し請求権を行使しないという内容である。

（6）　国際輸送

　美術品の梱包輸送が国際的な規模で行われる場合、ほとんどは航空貨物として輸送される。かつては船舶での輸送も行われていたが、今日ではよほどの大型ないしは重量のある美術品以外は航空貨物である。

　国際的な航空貨物では国内輸送で必要な作業の他に、それぞれの国で輸出と輸入に係る通関手続き、航空便の手配、空港内の貨物上屋での作業が加わる。一般的に美術品梱包輸送を手掛ける会社の多くは、それら国際貨物に係る特有の業務はフォワーダーと呼ばれる専門業者に委託することが多い。

　通関手続きは、通常、出発地側と到着地側ともに空港の税関ではなく、税関から許可を得た輸送業者等の保税倉庫（保税蔵置所）をはじめ、保税地域以外の他所蔵置許可場所として認められた博物館や美術館施設で輸出入の手続きが行われる。博物館等での手続きについては、一定の条件を満たせば、作品の安全を最優先させるために本来の保税蔵置所以外でも通関手続きを行うことができる優遇措置によって可能となっている。

　航空機から取り降ろされた貨物がまず搬入される場所が空港輸入上屋で、荷物の仕分けを行う輸入上屋会社は、積荷目録に記載された内容と搬入された貨物を照合して作業を進めていく。パレットからの取り降ろし、あるいはパレットへの積み付けはフォークリフトと作業員による作業で、作品にとっては危険な作業場所のひとつである。また、パレットに積載した貨物を載せて上屋と飛行機の間を移動するドリーも危険な作業のひとつであるが、空港関係者以外は上屋の中に入ることができないので、これらの作業は上屋会社に任せざるを得ない。

　したがって、航空輸送の準備段階で、輸入上屋での慎重な取り扱いの徹底を関係者間で周知し、併せて作品の状態によっては梱包ケースの安全性の強化を図る必要がある。

（7）　ワシントン条約（CITES）

　美術品を展覧会の目的で海外に持ち出す場合（これも「輸出」という）、ワシントン条約に留意する必要がある。

　ワシントン条約は「絶滅のおそれのある野生動植物の種の国際取引に関する条約」で、日本では1975年に条約が発効している。伝統的な日本の美術品を展覧会の目的で海外へ輸出する場合に課題となるのが、象牙や犀角などを使用した美術品の取り扱いである。

　ワシントン条約（CITES）によって1975年以降に製造あるいは取引されたこれらの美

術品は輸出ができない。輸出するためには1975年以前に日本に存在していたことを証明する必要があるが、掛軸や巻子など軸端は修理の際に取替えが可能なため、1975年以降に取り付けられた可能性も排除できない。そのため、さまざまな資料に基づいてそれを証明しなければならない。さらに、1975年以前から国内に所在していたことが明らかにできても、1975年以降に売買されたものは輸出規制の対象となる。こうした点を考慮して、軸端を木製のものに取り換えて輸出許可を得ることが多い。

〈資　料　編〉

1　掛物の各部名称

2　巻子の各部名称

3　茶碗の各部名称

4　屏風の各部名称（6曲半双）

5　仏像の形と各部名称

6　甲冑の各部名称（当世具足）

7　美術品取扱い技術等に係わる委員会報告「『美術品梱包輸送技能取得士』
　　資格制度の創設（試案)」について

8　参考文献

9　本書で使用した登録商標の一覧

（注）

・資料1～6は、「美術品梱包輸送技能取得士」3級検定の筆記試験で出題されます。

1　掛物の各部名称

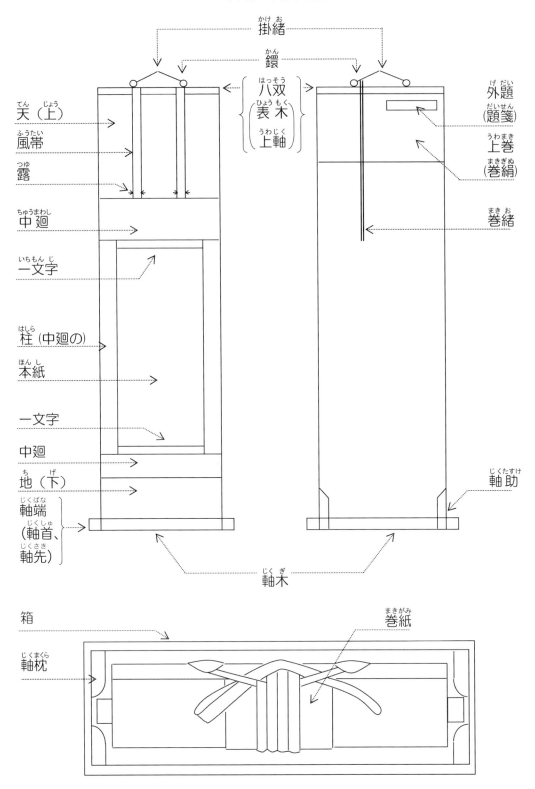

2　巻子の各部名称

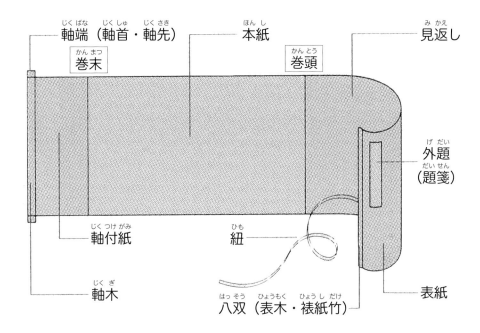

軸端（軸首・軸先）
じくばな　じくしゅ　じくさき

巻末
かんまつ

本紙
ほんし

巻頭
かんとう

見返し
みかえ

外題
げだい

（題箋）
だいせん

軸付紙
じくつけがみ

紐
ひも

軸木
じくぎ

八双（表木・裱紙竹）
はっそう　ひょうもく　ひょうしだけ

表紙

・表具の各部名称は、地域や工房によっても異なります。そのため代表的に使われている
　ものを示しています。

3　茶碗の各部名称

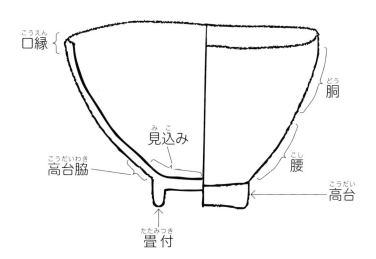

口縁
こうえん

胴
どう

見込み
みこ

高台脇
こうだいわき

腰
こし

高台
こうだい

畳付
たたみつき

4 屏風の各部名称（6曲半双）

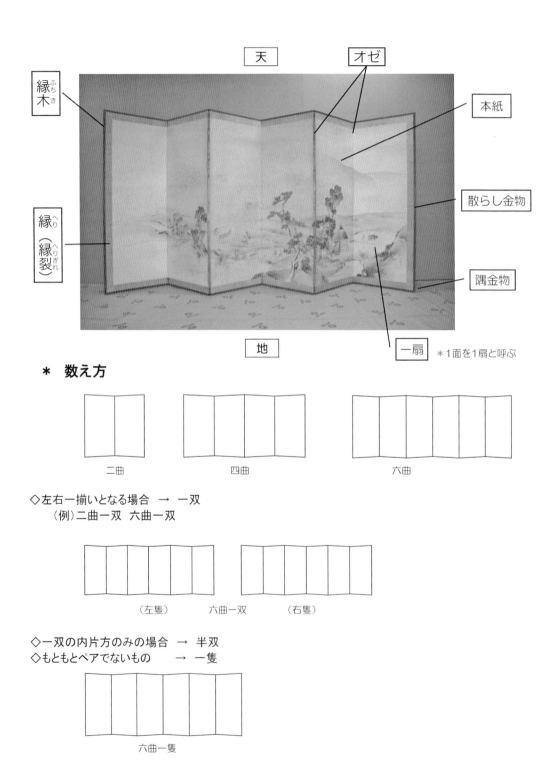

天

オゼ

縁木（ふちぎ）

本紙

散らし金物

縁（へり）（縁裂（へりぎれ））

隅金物

地

一扇 ＊1面を1扇と呼ぶ

＊ 数え方

二曲

四曲

六曲

◇左右一揃いとなる場合 → 一双
　　（例）二曲一双 六曲一双

（左隻）　六曲一双　（右隻）

◇一双の内片方のみの場合 → 半双
◇もともとペアでないもの → 一隻

六曲一隻

5　仏像の形と各部名称

① 立　像（菩　薩）

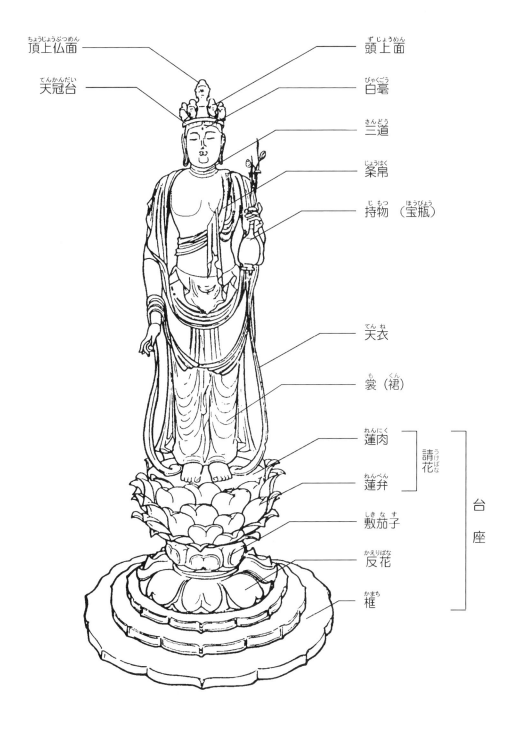

頂上仏面
（ちょうじょうぶつめん）

天冠台
（てんかんだい）

頭上面
（ずじょうめん）

白毫
（びゃくごう）

三道
（さんどう）

条帛
（じょうはく）

持物（宝瓶）
（じもつ）（ほうびょう）

天衣
（てんね）

裳（裙）
（も）（くん）

蓮肉
（れんにく）

蓮弁
（れんべん）

請花
（うけばな）

敷茄子
（しきなす）

反花
（かえりばな）

框
（かまち）

台座

② 坐 像（如 来）

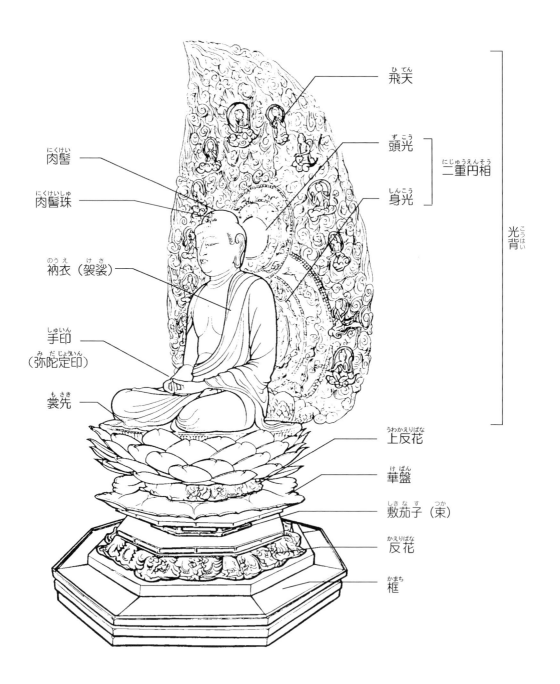

飛天
ひてん

頭光
ずこう

二重円相
にじゅうえんそう

身光
しんこう

光背
こうはい

肉髻
にくけい

肉髻珠
にくけいしゅ

衲衣（袈裟）
のうえ　けさ

手印
しゅいん

（弥陀定印）
みだじょういん

裳先
もさき

上反花
うわかえりばな

華盤
けばん

敷茄子（束）
しきなす　つか

反花
かえりばな

框
かまち

③ 半跏像
はん か ぞう

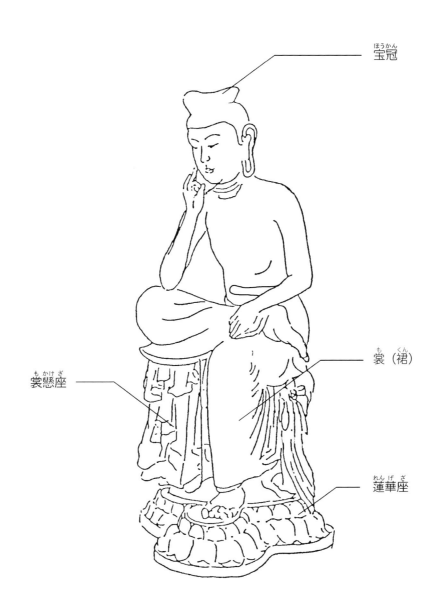

宝冠
ほうかん

裳（裙）
も くん

裳懸座
も かけ ざ

蓮華座
れん げ ざ

④ 倚像

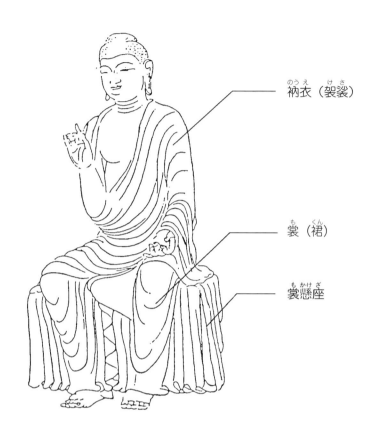

衲衣（袈裟）

裳（裙）

裳懸座

⑤ 臥像

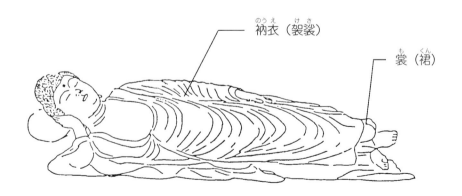

衲衣（袈裟）

裳（裙）

6　甲冑の各部名称（当世具足）

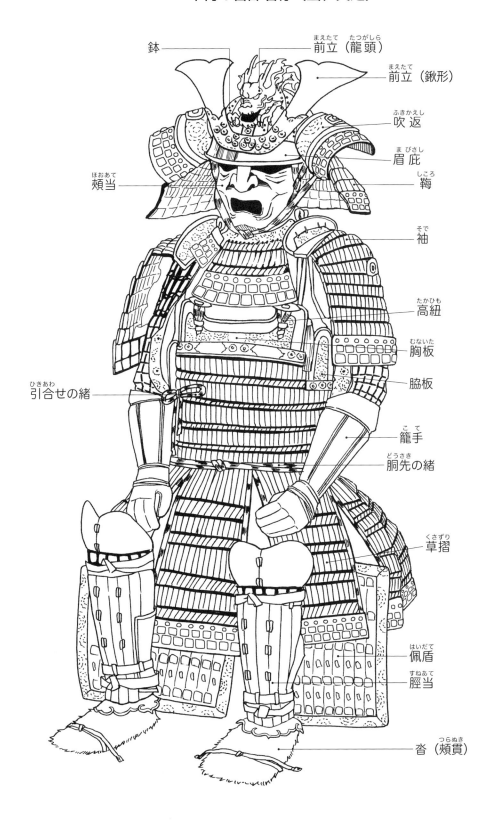

鉢

前立（龍頭）　まえたて　たつがしら

前立（鍬形）　まえたて

吹返　ふきかえし

眉庇　まびさし

頬当　ほおあて

錣　しころ

袖　そで

高紐　たかひも

胸板　むないた

脇板

引合せの緒　ひきあわ

籠手　こて

胴先の緒　どうさき

草摺　くさずり

佩盾　はいだて

脛当　すねあて

沓（頬貫）　つらぬき

7　美術品取扱い技術等に係わる委員会報告
「『美術品梱包輸送技能取得士』資格制度の創設（試案）」について

国立文化財機構理事（当時）

遠　藤　　啓

1．委員会設置の経緯

　美術品などの博物館資料の取扱い、特に梱包や輸送については、指導的な立場にあった経験豊かな学芸員や、輸送業者の熟練した技能者が高齢化し、定年退職していく中で、各地の博物館・美術館の予算削減に伴い、企画展や常駐学芸員が減少し、必要な知識・技能の継承が困難になりつつある。

　他方、国公立の施設では、博物館資料の梱包・輸送についても一般競争入札が導入されつつあり、知識・技能を持たない業者が安価に落札し、美術品等の脆弱な博物館資料が不用意に取り扱われることが危惧されている。

　こうした事態を防ぎ、後継者を養成し、美術品取扱技術等の維持向上を図ることは、我が国の博物館・美術館にとって、共通の課題であると考えられる。

　このような課題に応える方策を検討するため、平成20年度、日本博物館協会に「美術品取扱い技術等に係わる委員会」（委員長：青柳正規・独立行政法人国立美術館理事長）が設置された。

2．委員会の検討

　委員会では、昨年7月28日に第1回会合を開き、意見交換が行われた。必要な知識・技能を修得するインセンティブを与える一方、必要な知識・技能を持つ者が作業に従事することを保障するためには、資格制度を設けることが有効であるという意見が大勢を占め、そうした資格の試案を作成するため、作業部会を設置することになった。作業部会の主査は、筆者が務めることになった。

　作業部会では、3回の会合とイーメールでの意見交換により、制度の試案を作成。これに委員会の議論の概要を加えた報告案が3月23日の親委員会に提出され、意見交換の後、細部の調整を委員長に一任。了承されたのがこの報告である。

3．提案された資格の対象等

　資格の対象として想定する者は、主として梱包・輸送技術者だが、内容的には学芸員も学習するべき事項だし、学芸員が資格を取得することもあって良いというのが共通理解になっている。

　対象とする博物館資料としては、陶器、額装絵画、屏風、巻子、着物、埴輪、甲冑、彫刻などの美術品を主たる対象とし、標本や模型等をこれに準じて考えることにした。

4．資格制度の試案について

　試案の概要は、次のとおりである。

(1)　名称「美術品梱包輸送技能取得士」

(2)　等級の区分

　　1級、2級、3級の3区分を設ける。

　　1級は、全ての分野の作品について、所有者・学芸員の指示の下、独立して取り扱うことができ、取扱いの難しい作品の梱包設計が行える水準を想定する。

　　2級は、全ての分野の作品について、所有者・学芸員の指示の下、独立して取り扱うことができ、現場で作業員の監督ができる水準を想定する。

　　3級は、需要が多く比較的取り扱いの容易な、陶器、額装の絵画、屏風、掛け軸などを所有者・学芸員の指示の下、独立して取り扱うことができ、それらの梱包・輸送に必要な段ボールケースが準備できる水準を想定する。

(3)　受験資格

等級 ＼ 資格	経験年数	保有資格
1級	10 年以上	2級
2級	5 年以上	3級
3級	2 年以上	

注：経験年数は、運送業の在籍年数で、美術品取扱に限らない。

(4)　認定試験の方法

　　筆記試験、実技試験、面接試験によって行う。

　　（半日程度を想定）

【筆記試験】

・1級は、取扱いの難しい作品の梱包設計を課題とする。

・2級、3級は、梱包・輸送に当って気をつけるべき点、望まれる梱包・輸送の方法などを問う。
　3級では、美術品取扱いに当たり必ず知っておく必要がある、美術品及びその部分の名称についても設問。

・2級、3級の試験は、原則として多肢選択で、50問、60分程度。

【実技試験】

・2級、3級は、2～3の分野の作品について、梱包に重点を置いて実技試験を行う。1級は実技試験を実施しない。

・ベテランの所要時間に5分程度加え、10～20分程度の時間を区切って、作業を行わせる。時間内であれば所要時間差は評価しない。

・原則として、プロセスを重視し、複数の審査員が役割分担して評価。

・3級では、原則として、受験者が単独で作業を行う。

・2級では、審査員の1人が補助作業者として受験者に付き、受験者の指示により補助し、指示の的確さ等を評価する。

【面接試験】

・1、2級は、面接試験を行う。3級は面接を行わない。

・挨拶を含む態度、他人とコミュニケーションする能力等を評価する。

・1級では、取扱いの難しい作品の梱包・輸送に関する口頭試問を含む。

(5)　発足当初に経過措置期間を設け、この間は年に複数回実施し、現職者全員の資格取得を奨励する。経過措置期間終了後は、各級とも年1回、原則として東京で実施する。

(6)　受験料は、3級については、1万円程度を想定する。上級資格については、少し高くすることも視野に入れて検討する。

(7)　資格の更新性は、採用しない。

(8)　研修等については、全領域をカバーする研修を実施することは、困難だが、自習用のテキストは必要であり、作成すれば、学芸員にも重要な参考資料になるので、テキストの作成、頒布について、今後検討。

(9)　この資格制度の実施主体については、日本博物館協会が関係者の理解・協力を得て、本制度の実施主体となることが望まれる。

　この資格制度が、関係者の理解・協力を得て、早期に日本博物館協会の下で設けられ、多くの博物館・美術館や、梱包・輸送に従事する技能者に活用されることを期待している。

（「博物館研究」平成21年9月25日より）

　【注】　この報告では「美術品梱包輸送技能士」という名称が提案されたが、報告公表後、「技能士」は、法令で使用が制限されていることが判明し、「美術品梱包輸送技能取得士」としている。

8　参考文献

① 　一　覧

1 写真の保存・展示・修復 (1996) 日本写真学会画像保存研究会

2 神庭信幸 (1990) 輸送中に梱包ケース内で生じる温湿度変化. 古文化財の科学, 34 号, pp.31-37

3 神庭信幸, 田中千秋 (1994) 輸送中の梱包ケース内における温湿度環境と調湿剤の効果. 古文化財の科学, 38, pp.28-36

4 神庭信幸 (2000) 大型絵画の輸送と展示−ウジェーヌ・ドラクロワ作『民衆を導く自由の女神』. 東京国立博物館研究誌「MUSEUM」569, pp.5-32

5 登石健三 (1992) 美術品の梱包と輸送. 国外先進文化施設実態調査 1992, 株式会社乃村工藝社文化環境研究所

6 登石健三, 見城敏子 (1956) 密閉梱包の湿度調節. 古文化財の科学, 12, pp.28-36

7 コレクター大学　掛け軸の扱い方 (1992) 日経アート, 9 月

8 コレクター大学　美術輸送の現場から−生きた美術品を " 運ぶ " 人々 (1990) 日経アート, 12 月

9 三浦定俊 (2003) 美術史研究者のための保存環境学講座その(2), 美術史論集, 3

10 高橋則英 (2006) 「文化財」としての写真の保存と取り扱い, 月刊文化財, 517

11 関義則 (1999) 博物館資料の取り扱い−考古資料梱包の考え方と実技−, 埼玉県立博物館紀要, 24

12 芸術の架け橋となった匠の技と経験−岡本太郎の壁画運ぶ美術品輸送の精鋭たち− (2007) 月刊流通設計 21, 447

13 鷲塚泰光 (1980) 美術工芸品の保存と公開(5)−照明・梱包と輸送−, 博物館研究 15(8)

14 塚田全彦, 河口公夫 (2000) 美術作品輸送用クレートの構造と輸送中の温度・相対湿度の変化について (その 1), 国立西洋美術館紀要 4

15 神奈川大学日本常民文化研究所 (1998) 古文書の補修と取り扱い. 雄山閣出版

16 田辺三郎助, 登石健三 (1994) 美術工芸品の保存と保管. フジ・テクノシステム

17 茶掛の表具を楽しむ (2002) 淡交社

18 東京芸術大学大学院文化財保存学 (2002) 日本画研究室図解日本画の伝統と継承−素材・模写・修復−. 東京美術

19 全日本刀匠会 (2009) 写真で覚える日本刀の基礎知識. テレビせとうちクリエイト

20 東京美術青年会 (1995) 茶道具の手入れ. 淡交社

21 入江宗敬 (2000) 茶道具 しまい方の基本. 淡交社

22 鷲塚泰光 (1987) 博物館実務ビデオ講座 美術工芸品の取り扱い方. 丹青社

23 佐々木利和, 松原茂, 原田一敏編 (2007) 新訂博物館概論. 放送大学教育振興会

24 鷲塚泰光 (1980) 美術工芸品の保存と公開(2)−絵画・書籍−. 博物館研究, 15(2)

25 鷲塚泰光 (1980) 美術工芸品の保存と公開(3)−彫刻−. 博物館研究, 15(4)

26 鷲塚泰光 (1980) 美術工芸品の保存と公開(4)−工芸品・考古資料−博物館研究, 15(7)

27 美術品の健康管理　プロに聞く　ふろしきと紐の使い方 (2007) アートコレクターズ 26(9), 生活の友社

28 美術品の健康管理　プロに聞く　絵画（額装 / 軸装）の掛け方・しまい方 (2009) アートコレクターズ 2(3), 生活の友社

29 美術品の健康管理　プロに聞く　茶道具の扱い方（2009）アートコレクターズ2(4), 生活の友社

30 美術品の健康管理　プロに聞く　鑑賞陶器・漆芸品のあつかい方（2009）アートコレクターズ2(5), 生活の友社

31 Berger, G. A., W. H. Russell (eds.) (2000) Conservation of Paintings. In: Research and Innovations. Archetype Books

32 Bomford, D. (1997) Conservation of Paintings. National Gallery London

33 Bomford, D. (金井直訳) (2010) 絵画の保存. ありな書房

34 Buck, R. A., J. A. Gilmore (eds.) (2010) Museum Registration Methods 5th Edition. American Association Museums

35 Buck, R. A., J. A. Gilmore (eds.) (1998) The New Museum Registration Methods. American Association Museums

36 Crook, J., T. Learner (2000) The Impact of Modern Paint. Watson-Guptill

37 Eaton, G. (1985) Conservation of Photographs. Eastman Kodak Co.

38 Gettens, R. J., G. L. Stout (1966) Painting Materials: A Short Encyclopaedia. Dover Publication

39 Gettens, R. J., G. L. Stout (森田恒之訳) (1999) 絵画材料事典. 美術出版社

40 Hummelen, J., D. Sille., M. Zijlmans (eds.) (2006) Modern Art: Who Cares? Archetype Books

41 Jürgens, M. C. (2009) The Digital Print. Getty Conservation Institute

42 Kirsh, A., R. S. Levenson, (eds.) (2002) Seeing Through Paintings: Physical Examination in Art Historical Studies. Yale University Press

43 Kosek, J. M. (2006) Conservation Mounting for Prints and Drawing. Archetype Books

44 Lavedrine, B. (2003) A Guide to the Preventive Conservation of Photograph Collections. Getty Conservation Institute

45 Mecklenburg, M. F., (ed.) (1990) Art in Transit: Studies in the Transport of Paintings. National Gallery of Art

46 Nicholaus, K. (1999) The Restoration of Paintings. Konemann

47 Penny, N. (1997) Frames. National Gallery London

48 ペニー, N. 古賀敬子 (訳) (2003) 額縁と名画. 八坂書房

49 Richard, M., Mecklenburg, M. F., Merrill, R. M. (eds.) (1991) Art in Transit: Handbook for Packing and Transporting Paintings. National Gallery of Art

50 Shelly, M. The Care and Handling of Art Objects. Metropolitan Museum of Art, 1987

51 Snyder, J. (2001) Caring for your Art. Allworth

52 Stout, G. L. (1975) The Care of Pictures. Dover Publications

53 Thomson, G. (1986) The Museum Environment Second Edition. Butterworth-Heinemann

54 トムソン, G. 東京芸術大学美術学部保存科学教室 (訳) (1988) 博物館の環境管理. 雄山閣出版

55 コンティ, A. 岡田温司, 水野千依, 松原知生, 喜多村明里, 金井直 (訳) (2002) 修復の鑑. ありな書房

56 大林賢太郎 (2010) 写真保存の実務. 岩田書院

57 小笠原尚司 (2008) 額縁への視線. 八坂書房

58 京都造形芸術大学編 (2002) 文化財のための保存科学入門. 角川書店

59 クヌート, N. 黒江信子, 大原秀之 (訳) (1985) 絵画学入門. 美術出版社

60 グリム, K. 前堀信子 (訳) (1995) 額縁の歴史. リブロポート

61 デルナー, M. 佐藤一郎（訳）(1980) 絵画技術体系. 美術出版社

62 フリートレンダー, M. 千足伸行（訳）(1968) 芸術と芸術批評. 岩崎美術社

63 森田恒之監修 (2000) 絵画表現のしくみ. 美術出版社

64 森直義 (2003) 修復からのメッセージ. ポーラ文化研究所

65 松浦啓一郎編著 (2014) 標本学　自然史標本の収集と整理　第 2 版. 東海大学出版会

66 神庭信幸 (2014) 人文系資料のヘルスケア―その方法と効果. 博物館研究, Vol.49, No.10, pp6-10

67 神庭信幸 (2014) 博物館資料の臨床保存学. 武蔵野美術大学出版会

68 神庭信幸 et al. (2011) 文化財梱包に用いる緩衝材の適切な使用法の検討―ワイヤーロープの振動特性. 文化財保存修復学会第 33 回大会予稿集

69 高木雅広 et al. (2010) 文化財安全輸送のための取組事例. 第 19 回日本包装学会年次大会予稿集

70 神庭信幸 et al. (2010) 阿修羅立像の梱包技術. 文化財保存修復学会第 32 回大会予稿集

71 和田浩 et al. (2010) 阿修羅立像梱包箱の防振効果. 文化財保存修復学会第 32 回大会予稿集

72 神庭信幸 et al. (2010) CAE シミュレーション解析による緩衝機材の特性評価事例. 第 48 回全日本包装技術研究大会予稿集

73 神庭信幸 et al. (2009) 国際航空貨物における留意点―文化財の輸送環境調査より―. 第 47 回全日本包装技術研究大会予稿集

74 Kamba N., Wada H. (2009) The characteristic of vibration during a transport of cultural heritage. Preprints of the International Symposium on Conservation of Cultural Heritage in East Asia, Beijing, October 18

75 Kamba N. et al. (2008) Measurement and Analysis of Global Transport Environment of Packing Cases for Cultural Properties. Preprints of the IIC London Conference 2008, Conservation and Access, London, 15-19 September

76 Kamba N., Takagi M. (2008) Transportation of Cultural Properties. 2008 ISTA-China, Packaging Symposium, Beijing, October 20-22,

77 神庭信幸 et al. (2007) 文化財の海外輸送時に計測された各行程別の振動・加速度特性. 文化財保存修復学会第 29 回大会予稿集

78 神庭信幸 et al. (2006) 文化財輸送の安全性向上システムの開発. 文化財保存修復学会第 28 回大会予稿集

79 神庭信幸 et al. (2005) 大型脱活乾漆像の梱包輸送と振動・衝撃対策. 文化財保存修復学会第 27 回大会予稿集

80 神庭信幸, 西浦忠輝 (1994) 密閉空間に置かれた木材の温湿度変化にともなう伸縮と調湿剤の作用. 古文化財の科学, 38 号, pp.20-27

81 神庭信幸, 田中千秋 (1995) 梱包ケースの断熱と結露の発生. 古文化財の科学, 39 号, pp.8-18

82 Kamba N. (1990) Variation In Relative Humidity and Temperature As Measured In A Package Case. Preprints of the 9th Triennial Meeting of ICOM Committee for Conservation, Dresden

83 水口眞一監修 (2002) 輸送・工業包装の技術. 富士テクノシステム

84 神庭信幸 (2002) 美術品輸送時の環境. 文化財のための保存科学入門, pp. 336-349, 角川書店

85 神庭信幸 (2012) 展示手法の変化に見る保存とデザインの関係性. 博物館研究, vol.47, No.1, 523 , pp.14-21

86 神庭信幸 (1987) 展示と保存科学. 日本展示学会誌, 4, pp.34-43

87 神庭信幸 (2015) ミュージアムのリスク・マネージメント. 日本ミュージアムマネージメント学事典, pp.72-75, 学文社

88 浅野敞一郎 (1997) 戦後美術展略史 1945-1990. 求龍堂

89 月刊 CARGO 編集部編 (2012) フレッシュマンのための航空貨物Ｑ＆Ａ, 海事プレス

90 朝賀浩 (2016) 展覧会出品作品とワシントン条約をめぐって－牙軸を伴う書画等の輸出入の課題－. 月間文化財, 10 月, 637 号, 第一法規出版

91 モレル, P. 木谷直俊, 塩見英治, 本間啓之（監訳）(2016) 国際航空貨物輸送. 成山堂書店

92 経済産業省 (2022) ワシントン条約（ＣＩＴＥＳ）, https://www.meti.go.jp/

93 文化庁 (2022) 重要文化財の所有者及び管理団体以外の者による公開に係る博物館その他の施設の承認に関する規程, https://www.bunka.go.jp/seisaku/bijutsukan_hakubutsukan/shoninshisetsu/

② 作品分野・記述内容別分類表

	取り扱い（概要、心得）	梱包材料	梱包方法	輸送	展示（資材含む）	紐結び・たたみ方・収納	保管（収蔵庫）	環境	修理
全般	8, 16, 58, 67, 87, 88, 90, 92, 93	2, 3, 4, 5, 13, 16, 23, 38, 39, 67, 80, 81, 82, 83, 84	13, 16, 23, 67, 83	4, 5, 9, 13, 16, 58, 67, 68, 69, 73, 74, 75, 76, 77, 78, 83, 84, 89, 91	67, 85, 86, 88, 93	27	58, 67	2, 3, 4, 5, 6, 9, 53, 54, 58, 67, 66	38, 39, 58, 67
絵画全般							40	40	
掛軸	7, 15, 16, 17, 20, 21, 22, 23, 24, 28	16	13, 16	16	16, 23, 24	15, 16, 17, 18, 20, 21, 22, 28	7, 22, 24		
屏風	15, 16, 22, 23	16	13, 16	16	16, 22, 23	22			
襖	22	16	16	16	22				
巻子	15, 16, 22, 23	16	13, 16	16	16, 22, 23	15, 16, 18, 22			
額装	28	14, 16	16	14	12				43, 47, 48, 57, 60
油彩画	34, 35, 36, 50, 51, 52, 59, 62			45, 49				31	31, 32, 33, 42, 46, 55, 61, 63, 64
彫刻（仏像）	16, 22, 23, 25	22, 23	13, 16, 22, 23	16, 22, 23, 70, 71, 72, 79	22, 23, 25		25	23	
工芸全般	16, 23		13, 16	16		23	16		
茶道具	20, 21	21				20, 21, 29			
刀剣	19, 22, 23				16, 19, 22, 23	19	16, 22		
金工	16, 22, 26		16	16	16				
陶磁器	16, 22, 23, 26, 30	23	16, 22, 23, 26	16	16	22, 23	16		
漆工	22, 26, 30	23	16, 23		16		22, 26		
甲冑	16, 23				23		16		
染織	16, 26	23	23			16	23, 26		
面	22						22		
考古資料	11, 16, 23	11	11, 13	11					
土器					23				
埴輪	23				23				
石器	23								
金属器	23				23				
木器	23								
歴史資料	16				16	15			
冊子	15, 16, 22, 23				22	22			

	取り扱い（概要、心得）	梱包材料	梱包方法	輸送	展示（資材含む）	紐結び・たたみ方・収納	保管（収蔵庫）	環境	修理
折本	16				16	16			
一枚物	15, 16, 22, 23, 41					23			
写真	10, 56					1, 10	1, 10	10, 44	37
自然史標本	65								

（注）表内の数字は①の番号を示す。

9　本書で使用した登録商標の一覧

本書に記載する以下の名称は、会社名欄に掲載している会社の登録商標です。

記載名称	会社名
エアーキャップ	宇部興産（株）
マイカロープ	石本マオラン（株）
バイウォール	トライウォール（株）
トライウォール	トライウォール（株）
ミュージアムワックス	Ready America, Inc.（米）
ハイミロン（Hymilon）	近江ベルベット（株）
エサフォーム	シールドエアーコーポレーション（米）
ミクロディア	ユニチカ（株）

＜執筆者等一覧＞

＜編　集＞

公益財団法人　日本博物館協会

＜編集協力＞

遠　藤　　　啓　　　日本博物館協会特別顧問（元国立文化財機構理事）

＜執筆者一覧＞（執筆順）

神　庭　信　幸　　　東京国立博物館名誉館員
今　井　　　敦　　　東京国立博物館特任研究員
小　松　大　秀　　　永青文庫館長・秋田市立千秋美術館長
伊　藤　信　二　　　九州国立博物館学芸部企画課長
原　田　一　敏　　　ふくやま美術館長
相　澤　邦　彦　　　ヤマト運輸株式会社 グローバル事業戦略部
　　　　　　　　　　美術品ロジスティクスチーム
　　　　　　　　　　スペシャルアドヴァイザー／コンサヴァター
　　　　　　　　　　（前金沢21世紀美術館コンサヴァター）
名児耶　　　明　　　筆の里工房副館長
松　原　　　茂　　　根津美術館理事・副館長
小　山　弓弦葉　　　東京国立博物館学芸研究部調査研究課工芸室長
髙　橋　裕　次　　　大倉集古館副館長兼学芸部長
井　上　洋　一　　　奈良国立博物館長
岩　田　茂　樹　　　奈良国立博物館名誉館員
浅　見　龍　介　　　東京国立博物館学芸企画部長
池　田　　　宏　　　東京国立博物館客員研究員
松　浦　啓　一　　　国立科学博物館名誉研究員
園　田　直　子　　　国立民族学博物館教授

（令和5年4月1日現在）

博物館資料取扱いガイドブック

—文化財、美術品等梱包・輸送の手引き—＜第2次改訂版＞

令和5年5月10日　第1刷発行

編　集　　公益財団法人　日本博物館協会

発　行　　株式会社 ぎょうせい

〒136-8575　東京都江東区新木場 1-18-11
URL：https://gyosei.jp

フリーコール 0120-953-431
ぎょうせい　お問い合わせ　検索　https://gyosei.jp/inquiry/

〈検印省略〉

印刷　ぎょうせいデジタル株式会社　　　©2023　Printed in Japan
※乱丁・落丁本はお取り替えいたします。

ISBN 978-4-324-11221-2
(5108836-00-000)
〔略号：博物館ガイド（2訂）〕